AF493165

9 789948 788836

الإهـداء

إلى كُلّ مَن جَدّ في وِصَال الحَقيْقة،
فَوَجدها عِند جَمَال الطَريْقة.

ترجمة سعيد غسان ماهر

كتاب الطريق

تاو تي تْشينغ لستيفن ميتشل

Tao Te Ching By Stephen Mitchell

AUSTIN MACAULEY PUBLISHERS™
LONDON • CAMBRIDGE • NEW YORK • SHARJAH

الرقم الدولي الموحد للكتاب 9789948788836 (غلاف ورقي)
الرقم الدولي الموحد للكتاب 9789948788829 (كتاب إلكتروني)

رقم الطلب: MC-10-01-9651498
التصنيف العمري: 13+

تم تصنيف وتحديد الفئة العمرية التي تلائم محتوى الكتب وفقا لنظام التصنيف العمري الصادر عن وزارة الثقافة والشباب.

الطبعة الأولى 2023
أوستن ماكولي للنشر م. م. ح
مدينة الشارقة للنشر
صندوق بريد [519201]
الشارقة، الإمارات العربية المتحدة
www.austinmacauley.ae
+971 655 95 202

شكر وتقدير

بَالِغ الشُّكر والتَّقدير إلى كُلِّ مَن سَاعدَني على نَشرِ هذا الكِتاب.. كامِل الشُّكر والامتِنان إلى زَوجَتي وعَائِلتي وأهلِي وأصدِقائي الذِين دَعمُوني، ووَقفُوا دَوماً بِجانِبي لِأُكْمِل مَا قَد بَدأتُه قَبل أربَع سَنوات، الذِين لَولا مُساعدتُهم لَمَا صَدَر هَذا الكِتاب في حلَّتِه الحَاليَّة.

مقدمة

لَمْ أَكُنْ أَعْرِف "لاوتزو – Lao Tzu" مِنْ قبلُ حَتّى قرأَتُ كِتابَ "لَمْ يُولَد ولَن يَمُوت - Never Born Never Died" لِ"أوشو - Osho" قَبْل عَقْدٍ[1] مِنَ الزَمَن؛ مِن حِينِها عَشِقْتُ لاوتزو فَدَخل حُبُّه قَلْبي وسَكَنَ سِرُّه عقْلي، إلى أنْ أخَذَتْني الأيَّام وعَثَرْت على كِتَابه الوَحِيد "تاو تي تشينغ - Tao Te Ching" المُتَرْجم إلى اللُغَة الإنْجليزية بِقَلَمِ "ستيفن ميتشيل – Stephen Mitchell". سَحَرني أُسلوبُه الشِعْري، فَهو يَطْوي بِكَلِماتٍ قَلِيلَة مَواضيع العَالَم الأَكْبر؛ إذْ يَتَراءى إلَيك وأنْت تَقْرؤه كَأنَّك أمَام حَكِيمٍ مِنَ الشَرق يَنْطق بالحَقّ فتَتَجلّى[2] كَلِماتُه نُوراً مُشِعّاً يُضيءُ غَياهِب[3] الطَريق أو مَاءً عَظيْماً يُطْفِئ نَارَ الحَريْق.

---

[1] عقد: فترة من الزمن تعادل عشر سنوات.

[2] تتجلى: تظهر وتنكشف.

[3] غياهب: جمع غيهب ويعني ظلمة شديدة.

وَلَيْس غَريباً أَنْ يَكون عُنْوان هَذا الكِتاب "كِتَاب الطَرِيْق" لِيَعْكِس مَضْمونَه، فَيَكْشِف لَنَا أَنَّ الغَايَة لَا تُبرِّر الوَسيلَةَ وأنَّ الطَرِيْق هُو الكُلُّ والجِزْء، الجَمْع والفَرْد، الأَمْس والغَد، أَيْ نقْطَة البِيْكَار[1] التي تَشْمل الوُجوْد واللاوُجوْد في آنٍ مَعاً.

فإنْ أَنْتَ قَرَأْتَ هَذا الكِتاب لِلْمَرَّة الأُوْلَى تَعْشقه حَتَّى ولَو لَمْ تَفْهم مِنه إلّا اليَسِيْر، ثُم إنْ قَرأتَه لِلْمرّة الثَانِيَة تَقَعُ في غَرامِه لِظَنّك أنَّكَ فَهِمْت مِنه الكَثير، ثُمّ تُعيْد الكَرَّة[2] مَرَّة بعْد مَرّة، فكُلَّمَا قَرأتَ كلَّما أدْرَكْت أنَّ حقيْقَتَه شَاسِعةٌ عَلى شَاكِلة الكَوْن أَو الوُجوْد، كُلَّما عَلِمْت عَنه عَلِمْتَ أنَّكَ لا تَعلْم شَيْئاً.

لِذَا أَحْبَبْتُ أَنْ أُقدِّم لَكُم هَذا الكِتَاب باللُغة العَرَبيّة "كِتَاب الطَرِيْق" لِيَتَسَنّى[3] لكُمُ التَعرُّف على هَذِه المَعرْفَة القَدِيمة والفَلسَفة الحَكِيْمة عَبر المَخْطوطَة المُتَرْجَمة إلى الإنْجليزيّة بِريْشة الكَاتِب العَالَمي ستيفن ميتْشل صَاحِب أكْثر مِن ثَلاثِين كِتَاباً وأشْهَرها (الكِتابُ الثَانِي للتَاو، جِلْجامِش، إسْقَاط الرَمَاد عَلى بُوْذا، قَصَائِد مُخْتَارَة لرايِنر ماريا، الإنْجِيل حَسْب يَسُوْع، البَهاجَافَاد جِيْتَا، كِتَاب أَيّوب ولِقَاءات مَع المَلائِكة). اعْتَمَد

---

[1] البِيكار: آلة تُستعمل لرسم الدوائر. نقطة البيكار: مركز الدائرة.

[2] تعيد الكرة: تحاول مرة أخرى.

[3] يتَسنّى: يتمكّن.

السَيّد ميتشل في تَرْجمةِ كِتابِ تاو تي تشينغ عَلى كَثِير من التَرجَمات الإنْجِليزية، الألمَانية، والفَرنْسية، لَكن سَنَده[1] الحَقيْقي جَاء مِن أرْبع عشْرة سَنة قَضاهَا يَتَعلّم "الزن – Zen" فجَعَلَتْهُ يُقابِل لاوتزو وَجْهاً لِوجْه كَما يُرافِق تَلاميْذه الحَقيْقين وَورثَة حِكْمته - المعَلِّمين القُدَامى للْزن الصينْي؛ فهوَ لمْ يَعتَمد بالمُطْلق على التَرجمَة الحَرفية، إنّمَا أتَت تَرجَمته مَرِنة، تَارَة تَتْبع المَعنى الحَرْفي وتَارَة أُخْرى تُعيدُ صياغَة وشَرْح النَّص، فَتَراه يوَسِّع ويُضَيِّق، يُفَسِّر ويؤَوِّل، يَعْمل على النَصِ ويَلعَب به حَتّى تصبح المَعاني مُتَجسِّدة في لُغة تَسْتطيع أَنْ تَشعَر بِصدْقِها، فَهوَ حتّى لَو لَمْ يَكُن دَوماً يُترجِم كَلام لاوتزو فقَد كان دَائماً يُترجِم أفْكاره.

لِذا دَعُوني أقدِّم لَكم بِكلّ تَواضُع هَذا الكَنْز الثَمينْ مِن خَلالِ المقدِّمَة التي عَرَضَها ستيفن ميتشيل في تَرجمَتِه، فَهي تُقدِّم المُؤلّف والكِتاب، تشْرَح بعْضاً مِنْ فلسَفَته، وتَعْرض نَبَذاتٍ من حِكمَته:

قَد يُفَسَّر "تاو تي تشينج - Tao Te Ching" كَمَا يُلْفَظ بالصيْنية "داو دي جينغ" بكِتاب الطَريق وتَجَلِّيَاته، أوْ كِتَاب الطَريْق وظُهوْرَاته، أوْ بِبَسَاطَة كِتَاب الطَريْق.

أمّا "لاوتزو - Lao Tzu" مُؤَلِّف هَذا الكِتاب، فَلا أسْتَطيع أنْ أتكلّم عَنه بإسْهاب[1]، هُوَ كالأُسْطورَة إذ نُسِجَ عنه الكَثير مِنَ الحِكايات، حيثُ إنّه لَم يَتْرك وَراءَه أثَراً بَل جَلّ الإشَاعَات. كُلّ مَا عَرَفْناه أنّه عاصَر "كُنْفوشيوس – Confucius" (551 -479 ق.م.) وَشَغَل مَرْكز أمين الأرْشيف[2] في مَملكة صَغيرَة في الصيْن؛ لَكُن كُلّ هَذه المَعلومات عَنْه لَيسَت بالدَقيقَة —حَتّى إنَّ مَعْنى اسمِهِ غير مَعروفٍ بالحَقيْقَة— فَبَعْضهم يَدَّعي أنّه "المُعلِّم القَديْم" والآخَر يَقول إنّه "الفَتى القَديْم"، لِيَتَبَيَّن لَنا أنه المُعلِّم الذي زَارَ الدُنْيَا وغَادَرَها دوْن أن يتْرُك وَراءَه أيّ أثَر، إلّا هَذا الكِتاب: دَليلٌ حَقيقي لِفنّ عَيش البَشَر، مَكْتوبٌ بأسلوبٍ مُشوّق كالجَواهِر المُتَألِّقة، مَرْسومٌ بألْوانٍ تَرْقص فَرَحاً وَرِقّة، مَنحوتٌ بأنْوارٍ تَتَخلّلُ حُجُبَات الأفْئِدة[3] فَتَمْلَؤها نِعَماً مُبَارَكة وحِكَماً عَميْقة: إنّه إحْدَى عَجائِب الدُنيَا.

---

[1] إسهاب: توسّع وإطالة.

[2] أرشيف: مكان لحفظ المَلفّات والسِّجلات والوثائق.

[3] تَتَخلّلُ حُجُبَات الأفْئِدة: تخترق خفايا القلوب.

يَعتَقِد النَّاس أنَّ لاوتزو ناسِك مُعْتزِل، يَعِيْش بِسَلام في خُلوةٍ أعْلى الجَبل، مُنْقطِع عن النَّاس لا يَزورُه إلّا مَن عَن «سِرّ الحَيَاة» يَسْأل! إنَّما الجَليّ أنَّ تَعَاليمَه تُظْهِر كَثْرة اهتِمَامِه بإخْوانِه البَشَر، وعِنايتِه بمَصالِحِهم في أدقّ الأُمور، فكِتابُه، مِن ضُمن أشياءٍ أُخرى، هُو عِبارة عن أُطْروحَة في فنّ الحُكْم، أَكَان حُكْمَ بَلَد أو رعاية وَلَد! أمَّا اعتِقاد النَّاس هذا بتَنَسُّك لاوتزو ونَأْيه[1] عَن المُجتَمع فهو نَابِع مِن تَركيز حِكمَتِه على فلْسَفة "فِعْلُ اللا فِعْل – doing not-doing" التي فُهِمت خَطأً على أنَّها فلسَفةً انهِزامِية سَلْبية لا تَطْمح إلى الجَدِّ والأَمَل، ولَكنّ اعتِقادُهم هَذا بَعِيْد كُل البُعْد عَن الحَقيقَة والعَقْل.

فَكَم مِن رياضيّ مُحْترِف دَخَل حَالَة وَعْي لِجَسَده فاعْتَرف أنَّ تأْدِيَة الحَرَكَة المُناسِبة أو تَسْديد الضَرْبة الغَالِبة تَأْتي مِن تِلقَاء نَفْسِها بِلا جُهْد، دُون أي تَدَخّل لِلْفكر الوَاعِي الإرادي عَن قَصْد، فهَذا مِثالٌ حَيّ لِنَظريَّة اللا فِعْل: حَيْث تَكُون أرْقَ دَرَجاتِ الفِعْل، عِندَها تَلْعبُ اللعْبَة ذَاتها، وتَنْظِمُ القَصِيْدَة قَافِيَاتِها، ولا تَسْتَطيع أنْ تُفرِّق الراقِصَة عَن رَقَصَاتِها.

---

[1] نأيه: بعده.

«تَقِلّ حَاجَتُك إلَى بذلِ الجُهدِ كَيْ تَجري الأحْداثُ كمَا ترغَبُ وتَتمنَّى،

إلَى أنْ تبلُغَ أخيراً حَالة اللَّا فِعل.

وعِندَها حِيْن لَا تفعَل شيئاً،

لا شَيءَ يبْقى نَاقِصاً بَل حينها يتِمُّ الفِعلُ».

لا تَفعل شَيئاً لأنّ الفَاعِل اندَمَج بِكلّ كَيانه في الفِعْل، كمَا يَتحَوّل الوُقُود إلى لَهيبٍ مُشتَعِل، فَهذا "اللا شَيء" هُو بالحَقيْقة كُل شَيء. إنّه يَحدُث عِنْدما نَثِق بالعَقْل الكُلِيّ لِلْكَون العَظيْم، بِالطَريْقة نَفسِها التي يَثِق فيها رياضيّ أوْرَاقِصٌ بالوَعْي الأعْلى لِجَسَدِه السَّليم؛ هذا يُفَسّر تَرْكيز لاوتزو عَلَى اللَّين، الذي يُضَادّ القَسْوة ويُرَادِف اللّطْف، كَمَا فيه القُدْرة عَلَى التَحَمّل والتَكيُّف، فأيُّكُم مَنْ رَأى مُحْترِفاً لِرياضة "الأيكيدو - Ikido" أو " التاي تشي - t'ai tchi" يَفعَل اللا فِعْل يُدْرك مَدَى قُوّة هَذه القُدْرة اللَطيْفة.

إنّ الشخْصيّة الرَئيسية في هَذا الكِتاب هُو شَخْصٌ يَعيْش بانسِجامٍ كامِل مَع مَجرى الأحْداث كَما هِيَ، وَهي لَيست مُجَرّد شَخْصيّة وَهميّة بلْ حَقيقيّة، إذْ شَاهَدْتُها بالعَيَان[1]؛ فقَدْ أتْقَن

---

[1] شاهدتها بالعيان: رأيتها بعيني.

المُعلّم الحَكيْم التَعَامُل مع الطَبيْعة، ليْسَ مِن خِلالِ قَهْر قَوانِيْنِها بَل مِن خِلالِ الاندِمَاج فِيها بِالتَمَام: في التَسْليم للتاو، في التَخَلّي عَنْ الأَحْكام، في التَبَرّؤ مِن كُلّ الاعْتِقادات، والتَرَفُّع عَن الرَغَبَات، نَما لَدى المُعلّم الحَكيم عَقلٌ رَحيمٌ وِفْق مَسار التَطوّر الطَبيْعي. سَبَرَ[1] بِتَجارُبه عَميقاً وِسْط حَقائق عِلم الحَياة فاكْتَشَف أنّ التَنَاقض مَوجودٌ فَقط على القِشْرة الظاهِريّة وأنّ كُلّمَا أصْبَحنا أكْثر وِحدة أصْبَحنا أكْثر اكْتِفاءً ومَوَدّة، وكُلّمَا قلَّ تعلّقُنا فيمَا نُحِبّ حَضَرَ الحبُّ أكْثر في القُلوب، وكُلّما تاقَت بَصيرتُنا إلى مَا يَتعدّى الخَير والشَر تَجسّد فينا الخَير أكْثر، إلى أنْ تَجلّى قَولُه: «أنا التاو، والحقيقة، والحياة».

إنّ تَعاليْم كِتاب تاو تي تشينغ هي تَعَاليم بِكلّ مَا تَعنيْه الكَلِمة، مُتَحرّرة مِن فكْرَة الخَطيْئَة، كَبيْرة كانَت أمْ صَغيْرة، حَيث لا يَرى المُعلّم الحَكيْم في الشرّ قِوَى يَجِب أنْ تُقَاوَم، إنّما هُو، بِبَساطة، غُمُوضٌ وحَالَة من الأنَانيّة غَير المُنْسَجِمة مَع المَجرى الطَبيْعي للعَالَم، كذلِك الحَال مَع الزُّجاج المُغْبَرّ فَهو لا يسْمَح دُخْول أشِعّة الشَمْس أوْ ضَوْء القَمَر. إنَّ

<hr>

[1] سبر: خاض معمّقاً أو اختبر ليعرف العمق.

تَحرَّره هَذا مِن تَحْديد الأَخلاق في أُطُر، يَتَيح لَه قَدْراً كَبيراً مِن الرَّحْمة والتَّعَاطُف مَع الخَطأةِ وفَاعلي الشَر.

«إنَّ المُعلّم الحَكيم مُتاحٌ لكلّ النَاس،

ولا يَرفُض أحَداً من مُختَلف الأجْناس.

فَهو مُسْتَعِدٌّ للانْتِفاعِ مِن كُلّ حَال،

ولا يَهْدر شَيئاً، فلِكلّ مَقام مَقَال:

هَذا مَا يُسمَّى بِتَجْسيْد النُور.

فَمَا الإنْسَانُ الصَّالِح سِوَى للْطَالِح¹ مُعَلِّم،

وَمَا الطَّالِح مِن الصَّالِح إلا كالوَرَق مِن القَلَم.

فإنْ لَمْ تُدْرِك تِلْك المُعادَلَة في الحَياة،

فقَقَدْت البُوصِلَة² ولَن يُجْديكَ³ ذَكاؤُك لِلنَجاة:

هُنَا يَكْمُن السِرُّ الأعْظَم».

____

¹ طالح: فاسد، غير صالح.

² البوصلة: هي أداة توجيه تتيح للمسافر تحديد مكانه وكيف يتجه.

³ يجديك: ينفعك.

1

التَّاوُ الَّذِي يُمكِنُ ذِكْرُهُ هُو لَيسَ بِالتَّاوِ الأَبَدِي،
والإِسْمُ الَّذِي يُمكِنُ نطقُه هوَ ليسَ بالإسْمِ السَّرمَدِي[1].

فَوحدُه الَّلا مُسمّى هوَ الحقِيقةُ في الخُلُود،
وما الأسْمَاءُ مِنه إلا نُقطَة بدءِ الوجُود.
إنْ تحرّرتَ مِن رَغَباتِك أيْقنتَ السِّر،
وإنْ تَعلَّقتَ بها تَجلَّى الظاهِر.

لِذا، مَا السِّرُّ البَاطِن والجَليّ الظَّاهِر إلَّا مِنْ ذاتِ المصدَر.
إنّه ذاكَ الَّذي يُدعَى بالظَّلَام الأعْظَم:
ظلامٌ فَوقَهُ ظَلَام،
بابٌ لكلِّ علمٍ وفَهْم.

---

[1] سرمدي: لا بداية له ولا نهاية.

2

عِندَمَا يَرى النَّاسُ أنَّ بعضَ الأشياءِ جَميْلة،
هَذا لأنَّ القُبحَ في نَظَرِهم مَوجُود.
وعِندَما يرونَ أنَّ بعضَ الأشياءِ جيِّدَة،
فهذا لأنَّهم رأوا السُّوءَ أيضاً في الوجُود.

فكَمَا الوُجودُ مِنَ العَدَمِ خُلِق،
كذَلِك العَدمُ مِنَ الوجُودِ انْبَثَق[1].
وكَمَا العُسرِ يَدعَم اليُسر،
كذَلِك تَعْضُدُ[2] السَّلاسَة التَّحجُّر.

وهَل كُنّا لِنعْرف الطَّويلَ لوْلا وجودُ القِصَر؟
أو هُناكَ مِن جبلٍ شامخٍ بلا وادٍ مُنحَدِر.

فالسَّابِق والتَّالي لبعضِهِما يَتْبعَان،

كتَتَابُع الزَّمَان والَمَكَان.

وبِالتَّالي، فإنَّ المُعلِّم الحَكِيمَ لا يَتدَخَّل في مسَارِ الأُمُورِ،

لِمَا فِيها مِن تَنافُرٍ[1] ظَاهِرٍ وتَنَاغُمٍ مَستُورٍ،

بَل يتصرَّف بِلا فِعلٍ، ويُعلِّمُ دونَ أنْ يقول،

ما بانَ[2] يَدَعُه يأتي، وما ذَهَب يدَعُه يَمضي.

لا يتملّك مَا لَه، ولا يَتوقَّع مُقَابِلاً وراءَ عَمَلِه،

فَهو ينْسَى عَمَلَهُ مَتى مِنهُ انتَهى،

لِذا تَدومُ آثارُه إلى آخِرِ المُنتَهى[3].

____

[1] تنافر: اختلاف.

[2] بان: ظهر.

[3] المنتهى: الغاية والنهاية.

3

إذَا غَالَيتُم في تَبجِيلِ[1] النَّاس ذَوي الشُّهرة،

أصْبحتُم بلا حَولٍ ولا قُدرَة.

وإنْ أسرَفتُم[2] في تَعظِيم مَا تَمْلكُون،

أمْسَى معْظمُكم يسرقُ ما تُعَظِّمون.

يقودُ المُعلِّم الحكِيمُ النَّاسَ بإفراغِ عُقولِهم وملءِ أفئِدَتِهم،

بإضْعافِ رغبَاتِهم وتَقويَة إرادَتِهم.

إنَّه يُساعِد النَّاس عَلى التَّبرؤِ ممَّا اعتقَدُوه،

وخُسرَان ما عَلِمُوه، وتَركِ ما رَغِبُوه.

فَهو يَخلِق الحِيرَة في أولئك الذِين يَعتقِدون أنَّهم يعلَمُون،

لِذا تَمَرَّس اللا فِعْل،

يَقَع كلُّ شيءٍ في مَكانِه كمَا يجِبُ أنْ يَكوْن.

 غاليتم في تبجيل: بالغتم في تعظيم.

 أسرف: أفرط وتجاوز الحد المعقول.

4

إنَّ التاو كالبِئْرِ الذي لا يَنضَب[1]،
كُلَّمَا استَعمَلتهُ، جادَ ووَهَب.
كَفراغٍ احْتوَى العالَمَ الأكْبر،
مَليء بألفِ سِرٍّ وسِرّ.

إنّه مَستورٌ لَكنّه دَائماً حَاضِر.
لا أعْلَمُ مِن أيْن أتَى أو مِن أيّ بَطنٍ وُلد؟!
لَكنّي أعْلم أنَّه أقْدَم من الأزَلِ[2] ومن كُلّ إلهٍ يُعْتَقَد.

---

[1] ينضب: يغور ماؤه في الأرض أو يجف.

[2] الأزل: ضدّ الأبد، أي القدم الذي لا بدء له.

5

التاو لا يَنحَاز لأيّ طَرَف،

ومِنْه انْوَجدَ كُلٌّ مِن الخَير والشَر.

كذلِك، المعلِّمُ الحكيمُ لا يَنْحَرِف،

فَهو يَستقْبل الآثِم كَما الصَالح البَار.

إنَّ التاو يَشْبَه الكِيْر[1]، فارغٌ لكنّه يُوقِد النَّار،

فكُلّما اسْتَخْدمتَه اشْتدّ الأُوَار[2]،

وكلّما تَحَدّثتَ عَنه فْهَمتَه أقَلّ.

إذ كَلامُك عَن التَّاو يَنِمُّ عَن رغْبتِك فيه،

ورَغبتُك فيه تدِلُّ على فقْدانِك له.

إلّا إنَّك مَتى عَثَرْت عَليه لا تَفْقِده.

---

[1] الكير: منفاخ هواء يستخدم للنفخ في النار لإشعالها.

[2] الأوار: لهب النار.

كيفَ تَفقِده وهُو الدَّائِم الحَاضِر[1]؟!

فكَثُرة الكَلام هَي مِن كَثرِة الجَهْل،
لِذا تَثبّت في المَركز ولا تَسْتَدِر.

6

إنّ التاو يُدْعى بالأمِ الكُليّة،

وفَراغٌ لا يُحَدّ بأيْنيّة[1].

إذْ مِنه تنبَثِق الأكْوانُ اللا مُتناهِية.

دَوماً حَاضرٌ في نَفسِك مَوجوْد،

تَسْتطيع استِعمَاله كيْفما تُريْد.

---

[1] أينية: مكان.

7

تَتَساءَلُون: لِمَ التَّاو سَرمَديّ؟

لأَنّه لَمْ يُولَد فَلنْ يَموت، لِذا هُو قَديمٌ أَبَدي.

ثمَّ تَتَساءلون: لِمَ هَو لا نِهائي؟

لأَنّه لا يرغَبُ شيْئاً لِنَفسِه، بَل هُو حاضِرٌ للكُل بالتَساوي.

يَخْتار المعلِّمُ الحَكيمُ أنْ يَكونَ في الخَلْف،

لِذا، تَجِده دَوماً مُتَقدِّماً، يَدْفَعُه الوُجوْد إلى الأَمَام.

إنَّه مُتحرِّرٌ مِنَ التَعلُّق بالكُل، لِذا هُو متوحِّدٌ مَعَ الكلّ.

ولَئِن خلعَ عنه أنَاه، لَبِس الرِّضى بالتَمام[1].

---

[1] بالتمام: على أكمل وجه.

8

إنَّ الخيرَ الأسمَى مثْل الماء،

يَروي كلَّ شيءٍ بلا مُحاولةٍ أو عَناء.

فَكمَا يَتجمَّع الماءُ في القَعرِ[1]،

يتواجَدُ الخيرُ حَيث تأباه[2] البَشر،

لِذا، فَهو مَثيْل التاو.

في عَيشكِ، كُنْ قريباً مِن الأرْض،

وفي تفكِيرِكَ، بَسِّط ولا تُعقّد،

وفي الخِلاف، كنْ عَادلاً بل وأكرِم،

وفي الحُكم، لا تُجرّب أنْ تَتحكّم،

وفي العَمل، اشتَغِل فيما تُحِبّ،

وفي الحَياة العائِلية، كُن حاضِراً بالكُليّة.

---

[1] القعر: المكان الأسفل.

[2] تأباه: ترفضه.

عِندما تَقْبَل نفسَك كَما هي، وبِغيْرك لا تُقارن،
تَغيبُ المنافَسَة، فيَجلُّك[1] كلّ العالَم.

---

[1] يجلّك: يعظّمك.

9

إذا مَلأَتَ كأسَك إلى حافّتِه،

فـسـوفَ يِهْتزّ السـائِل ويَنسكِب.

وإذَا زدتَ في شَحْذ[1] سكّينِك،

فسَـوف يُتلَف الحدّ وينْخَرِب.

فكلّما رَكضتَ ورَاء المالِ والأَمان،

نَأى قلبُك عَنِ السَّكِينة والاطمِئنان.

وكلّمَا اكْترثْتَ لإرْضاء النَّاس،

أصْبحتَ سَجينَهم في الإنْحِباس.

قُمْ بعملِك وامْضِ دون ترْكِ أثَر،

ذاك هُو الطَريق الوَحيْد للسَّلام المُنتَظر.

10

هل تَسْتطيع أنْ تنسجِم مع التَّوحِيد وفِكرُك يجولُ في عالَم الوجُودِ؟

أمْ هل يُمكِن أنْ يَلينَ جَسَدُك كي تُصبِحَ مثلَ الطِّفلِ الوَليد؟

هل تَستَطِيعُ صَقْل بَصيرتك[1] إلى ألَّا تَرى شَيئاً غَير النُور؟

أمْ هل تَستَطِيعُ أنْ تُحِبَّ النَّاس كي تَقودَهم بإرادَتِهم لا بالجَبْر؟

وعِندَمَا يخْطرُ أمرٌ في حياتِك، هل تَستَطِيع أنْ تكونَ شاهِداً على مَجرى الأحداثِ لا أكثَر؟

أو هل تَستَطِيع أنْ تَتجَرَّد مِن فِكرِك كي تعلَم يقينَ الأمْر؟

الوِلادَة والرِّعايَة، والإمْتِلاَك دونَ اسْتئثَار[2]،

والفعل بلا توقّع، والقِيادة دونَ سَيْطرة:

تِلك هي الفَضيلة الأَسْمى.

---

[1] صقل: إزالة الصدأ عن الشيء. البصيرة: الفطنة والبصر النافذ إلى خفايا الأشياء.

[2] استئثار: أن تستائر أي تخصّ به نفسك وتنفرد به لنفسك فقط.

11

نَجمَع القُضبَان كَي نصنَع العَجَلَة،
إنّما مركزُها الفارِغ هُو مَا يجعَلُ العَرَبَة تسيْر.

كذلِك نَصنَعُ الإناء مِن فَخّارٍ مِن تُراب،
إنَّمَا الفَراغُ داخِلَه هَو الَّذي يحمِل ما نُريد.

كمَا نُعمّر البَيت بِنحْتِ الصُّخورِ ونَشرِ الأخشَاب،
إنمَّا الفَضاء داخِله هُو ما يجعَلُه قابلاً للسَّكَن.

فَبِرُغْم أنّنا نتعَامَل مَع مَا نُعاين[1] مِنَ الوجُود،
لكنَّ اللَّا وجُودَ هو مَا نستعمِلُه ومِنهُ نستَفِيد.

---

[1] نعاين: نرى بالعين.

12

إذا عَمِيتِ العُيونُ، فذلكَ مِنْ كثرِة الألْوان.

وإنْ صُمَّتِ الآذانُ، فذلكَ مِنْ نشَازِ[1] الأنغَام.

وإذَا احتارَ الذَّوق، فذلِكَ مِنْ خليطِ الأطعَام.

وإنْ هَرِم الفِكرُ، فذلِكَ مِنْ ضَجِيجِ الأفْكَارِ المُهلوسة[2].

وإذَا ذَبُلَ الفؤادُ، فذلِكَ من إغراءِ الشَّهوَاتِ المُوَسوِسَة[3].

لِذا، يَتبَع المُعلِّم الحَكِيمُ حدسَه وليسَ حواسَّه الخَمْس،

ويُراقِب الأشياءَ ويَدَعها تجْري دونَ تدخُّل،

فقلبُه مفتوحٌ كالفضَاء، وبنورِ الحَقّ يُبصِر.

---

[1] نشاز الأنغام: الأنغام الشواذ الخارجة عن اللحن والإيقاع المنتظمين.

[2] الأفكار المهلوسة: تخيلات ذهنية يحسبها الإنسان حقيقية.

[3] الموسوس: الصوت الخفيّ المحثّ على الشر أو ما ليس فيه نفع أو خير.

13

النَّجاحُ خطيرٌ كمَا الفَشَل،

والخوفُ مُضِلٌّ كمَا الأَمَل.

لِمَ النَجاح والفَشَلُ خطِيرَان؟

لأنَّه عِندَ صُعودِ السُّلَّم أو نُزُولِه ترتَجِف الأقدَام،

أمَّا إنْ ثبّتَّ قدَميك على الأرْض، فَلَن تَفقُد الاتّزَان.

لِمَ الخَوف والأَمَل مُضِلّان؟

لأنَّهما كالأشْباحِ، مِنْ تفكيرِنا في الأَنا يَنبَعان.

فعِندَما لا نَرى في الأَنَا عَلى أنّها أنَا،

مَاذا عَلينَا أنْ نَخَاف أو نَخْشَى[1]؟

---

[1] نخشى: نخاف، نهاب.

فانْظُرْ إلى العَالَم كمَا تَرى نفْسَك،

وآمِنْ وثِقْ[1] في كَيْفيّة سَيْر الأُمْور،

واحْبِب العالَم حُبّك لِنَفسِك،

عندهَا تستطيعُ الاهتمَامَ بكُلِّ الأُمْور.

---

[1] ثق: كن واثقاً ومتأكداً.

14

أُنظُر، ولَن تَرى لهُ أيّ أثَر.

أصغِ، ولنْ تسمَع لَه أيّ حِسّ.

اقترِبْ منْه، لَنْ تستَطيع اللمْس.

إنْ رأيتُه مِن فوْق لا أقولُ إنَّه نوْر،

أوْ وصفتُه مِنْ تَحتِ لا أقوْل إنَّه ظَلام.

إنّه اللا مُسمّى المُتحرّر مِنَ الحُدود،

إلى عَالِم اللا وُجود يَعود،

شكلٌ يَحوي كلّ أشكالِ الوُجُود.

صورةٌ بلا صُورَة، رسمٌ بلا رسْم،

فَهوَ اللَّطيف المتجاوِز[1] لكلّ تَصوُّر وفَهْم.

---

[1] المتجاوِز: المتخطّي أي يتعدّى كل الاعتقادات.

اقْتربِ منْه لن تَجد لَهُ بدَاية،

اتْبَعه ولَن تَجدَ له نِهَاية،

ولَن تستطِيعَ أنْ تدرِكهُ بأيّة ذرّة دِرَاية[1].

لكن يُمكنك فقَط أنْ تكُونَ هُو،

لتَعيشَ الحاضِر في يُسرٍ وَصَفوٍ[2].

فقَط اعْرَف مِن أينَ أتَيت واعْلَم:

إنّ ذلك سِرّ كُلّ حكْمةٍ وعِلْم.

____

[1] ذرّة درَاية: حبّة وعي وإدراك.
[2] صفو: صفاء.

15

آهٍ للحُكَماءِ القُدَامى، كمْ كانُوا لُطَفَاء عَميقِين!

فرِقّة وعُمْقُ حِكمَتِهم لا يُسبر لهَا غَور[1].

لِذا نَبقى عَن تَصوّرِها عَاجِزيْن،

ولا نسْتَطيع إلّا وصفَهم مِنَ الظّاهر.

كانوا يَقِظين، كالعابِر على بُحَيرةٍ تجمَّدَت من شِدّة البَرْد،

واعُون فَطِنون كَمُحارِب يَترقَّب العَدوّ الخَطِر،

خفِيْفو الظِلّ يتَصرّفون بلَبَاقة كالزائِر،

ليّنون كالثلْج عِندَما يذوْب،

قابِلُونَ للتغيُّر كَحُزمةٍ مِنَ الخشَب،

متقبّلُون للغَيِر كتَقبُّل الوادِي المُقَعَّر[2] للمَطر،

---

[1] لا يسبر لها غور: عميقة جداً يتعذّر فهمها بالكامل.

[2] المقعّر: المجوّف، عكس المحدّب.

شفّافون كالماء إذا راقَ مِنَ الكَدَر[1].

فهَل يا تُرَى لَدَيك الصّبْر إلى أنْ يصفُو مَاءَك ويَركد العَكَر[2]؟

وهَل تستَطِيع أنْ تظلَّ ساكناً حتى يَظْهر الفِعل المناسِب من تلقاءِ نَفْسِه بلا تَدَخُّل؟

فالمعلّم الحَكيم لا يسْعى إلى إنجازٍ، لا يَتوقّع ولا يَطْلُب، موجودٌ في الآن حَاضرٌ بالتمَام، وبكلِّ شيءٍ يُرحّب.

____

[1] الكدر: ما اختلط في الماء وجعله غير صافٍ.

[2] يركد العكر: يتجمّع الكدر في أسفل الإناء فيعود الماء صافياً.

16

أفْرِغ رأسَك مِنْ ضجيْج الأفْكار،

ودَعْ قلبَكَ يَنْعَمَ بالسّكوْن.

شاهِدْ نُشوء الخَلق مُضْطرِماً[1] كالنَار،

وتأمّلْ رجوعَه إلى البدءِ كيفَ يكوْن.

كَذلك مصيرُنا، عودٌ إلى الأصْل،

ورجوعٌ إلى المصْدر حيثُ الصّفاء مَكنُوْن[2].

أمّا بانْقطاعِنا وانْفصالِنا نَتَعثّر،

ونَتَخبّط في الارتِباك والشُّجون[3].

فعِندما تُدرِك مِن أين أتَيت،

تُصبح عَفوياً، مُتسامِحاً، فَرحاً، بلا هُموم،

وطَيّب القلبِ كالجَدّة في البَيت،

مُمجَّداً مُبجَّلاً[1] كمَلِكٍ مَصُون،

تَغْمرك عَجَائب التاو..

رَاضياً بِما تَجلِبه الحَياة،

مُستعِداً عنْدما يَأتيك المَوت.

---

[1] ممجّداً مبجّلاً: معظّماً مكرّماً.

17

عِندَما يَحكُم المعلِّمُ الحكيمُ لا يَشعر بِحُكمِه الرَعيّة [1]،
يَتْبَعه القائِد المَحْبوب، فَهو يَلِيه بالأفْضَليّة،
ثُمّ يَلِيه الحاكِم المُخيف المُريع [2]،
وأخيراً يأتي المُحْتَقَر الوَضيع [3].

فإنْ أنتَ لمْ تثِقْ بالنَاس، فكيفَ هُم بِكَ سيَثِقون؟
أمّا إنْ أنتَ احْترمتهم، فاحْترامك سيُبَادلون.

فالمُعلّم الحكيْم لا يَتكلّم، بَلْ يَفعل،
ومَتى ما انْتَهى منْ عَمِلِه يقولُ الكلّ:
"عَجَباً، لَقَد أتْمَمنا بأنفُسِنا كلّ هذا العَمل!"

---

[1] الرعيّة: عامة الناس.

[2] المريع: المفزع.

[3] الوضيع: الدنيئ، القليل القدر.

18

عندَمَا ينسَى النَّاسُ التَّاو العَظِيم،

يصبِحون لأوثَان الخيرِ والتّقوى عابِدين.

وعندَما تخْتفي مِنَ القُلوبِ الحِكمة والذّكاء،

تحِلّ مكانَها شَطارة الفِكر والدّهاء.

وإنْ تفكّكَت الأُسَر وغابَ السّلام،

ظهَرَت مبادِئ الوفَاء وحِفظِ الإخْوان [1].

كذَلك، مَتى ما عَمّت الفوضَى الأوطَان،

وُلِدَت أفكارُ الولاءِ وبُطولة الفُرسان.

لِذا، عنْدما ينفصِل النَّاس عَنِ الحَقيقة،

يكثرُ الكلامُ عن القَرائن [2] والبُرهان.

---

[1] حفظ الإخوان: مبدأ المؤاصرة بين أبناء البيئة أو الوطن الواحد.

[2] القرائن: الإثباتات من خلال استنتاجات القاضي بالإعتماد على وقائع قانونية.

19

أَسْقِط القداسَة وعِصمَة الحُكمَاء،
يَكثْر سُرور النَّاسِ مِئة مرّة.
أَهْدم هَيكل الأخلَاق وعَدالَة القَضَاء،
تَجِد النَّاس يتَسابقُون في المَبرّة[1].
واطْرَح[2] جانِباً التقْدير للمَكسَب،
لنْ تَرى بينَنا مَن يسْرق ويَنهب.

إذا تِلك الثلاثَة لا تكفِي وتشْفي:
فَقط لازِم المركَز نقطَة البيْكار،
ودَع الأمور تجْري كَمَا هُوَ الحَال.

---

[1] المبرّة: العمل الخيري.

[2] اطرح: أسقط، أترك.

20

أَوْقِف التفْكير ينقَضي كُلُّ همّ،

فهلْ هُناكَ مِنْ فرْقٍ بين لاءٍ أو نَعَم؟

أمْ هُناكَ مِنْ فرْقٍ بين نجاحٍ أو فَشل؟

وهَل عَليكَ أنْ تُبَجِّل ما يَجِلّه البشَر؟

أو تَتحاشى ما يَتَحاشاه الآخَرون..

مَا كُلّ هَذا الجنُون؟!

النَّاس فَرِحُون كأنَّهم في احْتِفال،

إنّما أنَا وحْدي بِلا نُطْقٍ لا مُبَال،

كطفلٍ وَليد قبْل أنْ يَتَعلّم الضّحِك.

الناسُ يَكْنزون[1] حاجَاتِهم وأنا صِفْرٌ مِن المُلْك،

---

[1] يكنزون: يجمعون المال ويدّخرونه.

أنا وحْدي أتَأَرجح وأتَجَوّل،
كمُتشّردٍ لا أبِيْت بأيّ مَنزل!
كأَحْمق رأسهُ خالٍ منَ الأفْكار.

النَاس لامِعون مُتألِّقون، أمّا أنَا داكِنٌ وبَال[1]،
وهُم شُطّارٌ حَذِقون أمّا أنَا "غبيّ وضَال"!
يَطلِقون أحْكاماً تُفرّق الحقَّ عن الباطِل،
أمّا أنَا لا أفقَه ذَاك الجِدال.
فهُم لَدِيهم أهدافٌ، وأنَا بِلا مَسَار،
أرقُصُ كمَوجةٍ بين أمواجِ البِحار،
مأخوذ تَتَقاذَفني المِيَاه لليَمين ولليَسار،
أتَأرجَحُ كالرِّيح دونَ وجْهةٍ تُدار.

أنا لَسْتُ هُم بَل أنَا أنَا،
أرْتَوي مِن صَدر "الأُم الكُليّة".

---

[1] داكن: غامق اللون. بال: قديم وعتيق.

21

إنّ عقْلَ المُعلّم الحَكيْم دَائِمِ الوَصْل[1] بالتاوِ العَظيْم،

وَهذَا مَا يَجْعله مُتألّقاً، ويَزيده إشْراقاً.

كَيف ذا الوَصْل حَدَث؟ إنْ كانَ التاو لَا يُمَسّ!

وأنّى لَكَ أنْ تُدرِك، مَا لا يُعْقَل بفكْرِك؟

إنَّما تَحَقّق هذا الوِصَال، لأنّ الحَكيم لا يَتَعَلّق بالأفْكار.

ثُمَّ كَيف لِلْحَكيم أنْ يَشِعَّ نُوره؟

إنْ كَان التاو قَاتِماً لَا يُسْبَر غَوْره[2]!

فذَلك هُو بَيت القَصيد، إذْ يُسلِّم الحَكيم لِمَا التاو يُريد.

لأنّ التاو كَان، قَبْل الزَّمَان والمَكَان:

---

[1] الوصل: الصلة.

[2] يسبر غوره: عميق جداً يتعذّر فهمه.

فَهو دَائِمٌ مَوجودٌ فيما يَتَعَدَّى[1] العَدَم والوُجود.

كيف أَعْلَم أنّ هَذا حَقيْقيٌّ يَا تُرَى؟
أنْظُر داخِل نَفْسي فَأَرَى.

---

[1] يتعدى: يتخطى، يتجاوز.

22

إنْ أَرَدْت أنْ تَكون كُلًّا،

يَجِب أنْ تَكون جِزءاً أوَّلاً.

وإنْ أَرَدْت أنْ تَكون مُسْتقيماً،

عَلَيك أنْ تَكون بِالالتِواء[1] عَليماً.

وإنْ أَرَدْت الامتِلاء، عَلَيك أنْ تُفْرِغ الإنَاء.

وكَم مِنّا مَن يُريد، أنْ يُولَد مِن جَديد،

نَاسِياً وُجوب المَوْت قبْل إحْياءِ الشَّهيد.

كَذلِك، مَن أراد الحُصول على كُلّ شَيء،

فَعَليه التَخَلّي عَن كُلّ شَيء.

بِإقَامَة المُعلّم الحَكيم مَع التاو، يَرْسم لِلعَالَم القُدوة والمِثَال.

ولأنّه لا يُبْرِز[2] نَفسَه، تَرى نورَه دوْن ظِلال.

وَلِأَنَّه لا يأْبَه لِإثباتِ ذاتِه، تَثِق الناسُ في مَقالِه.

وَلِأَنَّه لا يعْرِف مَن هُو، تَعْرِف نَفْسَك من خِلالِه.

وَلِأَنَّ لَيْس في رأْسِه أيّ هَدَف،

تأتي أفْعَاله كلّها مُصِيْبةً لِلْهَدَف.

عنْدما قَال الحُكَماء في القِدَم:

"اتْرُك الكُلّ كي تُدرِك الكُلّ"،

لَمْ يَأتِ قَولُهم مِن عَدَم.

فإنْ أرَدْت أنْ تَتَحَرَّى [1] صِحَّة هذا القَول،

عِشْ وِفْق التاو لِتَقطع الشَكّ بالعِلم.

---

[1] تتحرى: تستقصي، تبحث عن حقيقة أمر ما.

23

عَبِّرْ عَن نَفْسك كُلِّياً، بَعْدها لازِم السُّكون.

كُنْ كَقِوى الطَبيعة، حيثُ تَعْبيرها لا يَدوم:

فإذا مَا هَبَّت ريحُها، عَصَفَت كُلّ الهَواء،

كَذلِك إذا أمْطَرَت، حَمَّمَ الأرْضَ الشتاءُ،

بَعْدها تَمضي الغُيوم، فتشرِقُ شمسُ السَماء.

إنْ تَفْتَح لِلْتاو نَفسَك، تَنْدمج فيه في وِحْدةٍ مُتَوحِّدة.

وإنْ تَشَأ يَتَجلَّى فيْك، فتَكون لهُ الوِعاءَ والجسَدَ.

وإنْ تَفَتَّح بَصركَ عَلى البَصيرة،

تَوحَّد بِها، لِيصْبح لَكَ سِراجاً[1] مُنيراً.

وإنْ تَقَبَّلتَ فِكرة الخَسارَة،

تَوَحَّدتَ بِها، فتتَجَاوَزها بِمَسَرّة[2].

---

[1] سراج: مصباح.

[2] مسرة: فرح.

فَافْتَحْ لِلْتاو ذَاتَك، وبِرَدّ فِعْلك الطَبِيعي ثِق.

عِندَها، يَقَع كُلّ شيءٍ في مَكانِه الطَبِيْعي، ومَع ذاتِه يَتَّفِق[1].

---

[1] يتفق: يتوافق، يأتلف.

24

مَنْ يَقِف عَلى رُؤوس الأَصابِع لَا يَقِف بِثَبات.

ومَنْ يَمشِي مُتَسارِعاً لا يَقْطع طُوال المَسَافات.

ومَنْ يَسْعَى وَراء الشُهْرة والأضْواء،

يخْفتُ نورَه بِنَفْسه، فَيَضيعُ كَالهَبَاء[1].

كَذَلك، مَنْ يُعَرِّف نَفْسَه بالألْقابِ والصِفات،

لا يَسْتَطيع أَنْ يَعْرفَ مَن هُو بِالذَات.

ومَنْ لَديه السُلْطة عَلَى الآخَرين،

لا يَسْتَطيع أَنْ يَتَمالَك نَفْسَه أَو يُدْرِك التَمْكين[2].

والذي يُغالي[3] في التَعَلُّق بإنْجازاتِه في العَمَل،

---

[1] يخفت: يضعف، يخفض. هباء: سدى، غبار.

[2] التمكين: الإحكام، التمتين.

[3] يغالي: يبالغ.

يَفْشَلُ في خَلْقِ أيّ إبْداعٍ طَويلِ الأَجَل.

فَإِنْ أَرَدْت أَنْ يَتَنَاغَم مَع التاو لَحْنُك:

أَدِّ عَمَلَك وامْضِ دوْن أَنْ تَلْتَفِت[1] خَلْفَك.

25

كانَ كامِلاً لا شَكْل لَهُ قَبْل أَن يَنْبَثِق[1] الوُجود،

فَهُو صَفَاءٌ سَاكِنٌ، وَحيدٌ لَا مُتَغيِّر، وَفَراغٌ بِلا حُدود.

سَرْمَديّ الحُضور دائِم الوُجود، فَهُو الأُمّ لَهذا العالَم.

أَسْمَيتُه بالتَاو لأنّي لا أَعْلَم لَهُ أَفْضَل مِن هَذا الاسم.

فَهُو يَجْري مَع كُلّ شَيء، في البَاطِن والظَّاهر،

ثُمّ يَعودُ إلى أَصْل كُلّ شَيء، إلى المَصْدر.

إنَّ التَاو عَظيمٌ، كَمَا أنّ الكَونَ عَظيمٌ بِالمِثْل،

كَذَلك الأرضُ والإنْسَان عَظيمَان.

فَتِلْك هي القُوى الأرْبَع العُظمى على مَرِّ الزَمان.

إذْ إنّ الإنسَان يَتْبَع الأرْضَ في ذاتِ المَسَار،

والأَرض تَتْبَع الكَون، والكَون يَتْبَع التَاو الجَبّار، والتَاو يَتْبَع ذَاتَه، فَهُو لِدَائرة القُوى نقْطَة البيْكار.[1]

---

[1] البيكار: آلة تستعمل لرسم الدوائر. نقطة البيكار: مركز الدائرة.

26

إنّ الكَثيفَ رَكيْزَة اللَطيْف،
كَمَا أنّ السُكُون أسَاسُ كُلّ حَرَكةٍ صاخِبَة وَنَبْضٍ خَفيْف.

لِذا، يَتَجَوّل المُعلّم الحَكيم اليَوم بِأكْمَله دوْن أنْ يُغادِر المَسْكَن!
وَلَا تَأخِذه رَوْعة المَناظِر الخَلّابة[1] في رحْلَته، فَهُو دَوماً مُتّزِن.
أمّا زَعيْم البَلد، فَلِمَ يَفْتَتِن يا تُرى وَيَتَأرْجَح كَالأبْلَهِ الأَرْعَن[2]؟

لذَا إنْ تَركْت الأَمواج تُزَعْزِعك، فستَخْسر الوِصال بِمَنْبَعِك،
وسوف تَغْرق في بَحْر الخَوفِ والظُنُون.
وإنْ سَمَحْت أنْ يُزعِجك أرَق[3] الهُموم،
فستَفْقد الصِلَة بِمَن تَكون.

---

^[1] الخلابة: الساحرة الجمال.

^[2] يفتتن: يندهش. يتأرجح: يتحرك من جهة إلى أخرى. الأرعن: الأحمق والأهوج.

^[3] أرق: عدم القدرة على النوم.

27

إنّ الرَّحَّال المُتَمَرِّس[1] يُسَافِر إلى حَيْث يَحطّ،
فَهُو لا يَعْتَمِد على الخَرائِط ولا يَضَع لِرحْلَته الخطَط.
والفَنّان المُبدِع يَأخذُه حَدْسُه إلى حَيْث يَصِل،
أمّا العَالِم المُتمَيِّز فَمِن المَفاهيم البَالية[2] قَد تَحَرَّر،
ولاسْتِكْشافِ حَقيقَة الأَحْداث يَبْقى مُنْفَتِح العَقْل.

لِذا فَإن المُعلّم الحَكيم مُتاحٌ لِكلّ النَّاس،
ولا يَرفُض أحَداً مِن مُخْتَلف الأَجْناس،
فَهُو مُسْتَعِدّ لِلانْتِفاع مِن كُلّ حَال.
ولا يَهْدر شَيئاً، فَلِكُلّ مَقام مَقال:
هَذا ما يُسَمّى بِتَجْسيد النوْر.

---

[1] المتمرس: الخبير المتدرب.

[2] البالية: القديمة، العتيقة، لا تلائم العصر.

فَما الإنْسان الصالِح سِوى لِلطالِح مُعلّم،

وَما الطالِح[1] مِن الصالِح إلا كالوَرق مِن القَلَم.

فَإنْ لَمْ تُدرِك تِلْك المُعادَلَة في الحَياة،

فَقَدْتَ البوصِلَةَ ولَن يَجْديك ذكاؤك لِلنَجاة:

هُنا يَكْمِن السِرّ الأعْظَم.

---

[1] الطالح: الفاسد، غير الصالح.

28

إعْرَف قِوى الرُّجولَة فيْك، إنّما كُنْ كالنِساء وَديعاً.
كُنْ كالنَاي الذي يَعْزِف الكَونُ فِيه لَحْناً بَدِيعاً.
فإن تقبَّلْتَ العالَم، غمَرَك التاوكَما تحتَضِن الأُمُّ طفلاً رضيعاً.

إعْرَف الأبيضَ لَكن لازِم الأسْود القاتِم،
كَعِلْمِك للنوْر وأنتَ راكِنٌ في الظَلام المُعْتِم.
كُنْ النَموذَج المُحْتَذى[1]، فَعِندما تَصبح للعالَم المِثال،
يَقْوى التاو داخِلَك ولَنْ يَسْتَعْصي عَلَيك أيّ شيءٍ عُضال.

إعْرَف السِمات الشَخْصية لَكن لازِم اللا شَخْصانيّة.
إقْبَل العالَم كَما هُو، إذْ عِندما تَقْبَّله بالكُليّة،
يَشِعّ التاو داخِلك فيُعيدُك إلى نَفْسِك الأوليّة.

---

[1] النموذج المحتذى: المثال الذي يقتدى به.

إنّ العالَم تَكَوَّن مِن الفَراغ في القِدَم،
كَمَا تَكَوَّنَت الأَواني[1] مِن الخَشَب الأَوّلي الخَام.
فالمُعلّم الحَكيم يَعْرِف الأَواني لَكِنّه يُلازِم الخَشَب،
لِذا، يُمْكِنه استخْدام كُلّ ما فيْه يَرغب.

---

[1] أواني: جمع آنية وهي وعاء للطعام أو للشراب.

29

هَلْ تَظُنّ أنّك على تَحْسِين العَالَم قَادِر؟
لا أنْصَحُك، حَتّى لا تَظَلّ قابِعاً[1] في الظُنون.

فالعَالَم مَقامٌ مُقدّسٌ لا يَقْبل مَسّاً مِن الآخَر،
إنْ عَبَثْتَ فيه فسَوْف يَتَدَمّر.
وإنْ عَامَلْته كَشيءٍ وأَرَدْتَ أنْ تُمْسِكَ بِه،
انْزَلَقَ مِن بين يَدَيك وتَبَخَّر.

يأتي وَقتٌ فيه تَتَقدّم ثُمّ يَذهَب فتَتَأخّر،
ويومٌ تُكْثِر الحرَكة ثُمّ تَهْمد[2] وتَسْتَقِر،
وحِيناً تَنْشُط وتَقْوى وأحياناً تَتْعب وتَخْوى[3]،

---

[1] قابع: جالس.

[2] تهمد: تسكن، تضعف.

[3] تخوى: تفرغ معدتك. تأتي هنا بمعنى تضعف.

ويومٌ تَعيشُ في الأمانِ، ثُمّ تَدْخُل دَائِرة الخَطر.

لِذا يُشاهِد المُعلّم الحَكيم الأَشْياء كَمَا هي دُون تَحْوير،

وَدُوْن المُحاوَلَة للسَيطَرة على الأُمور،

لِتَجْري في جَدْوَلِها[1] الطَبِيْعي بِلا تَدَخُّل في المَسَار،

ساكِناً في وَسَط الدَّائِرة أيْ نقْطَة البيْكار.

---

[1] جدول: مجرى الماء.

30

مَنْ يَعْتَمِد على التَاو لا يَحْكم بالقُوّة والوَعيد[1]،

ولا يَقْهر الأعْداء بالنار والحَديد.

لأنّه يَعلم أنّ لِكُلّ فِعْلٍ هُناك رَدّة فِعْلٍ في المُقابِل،

والعُنْف، حتّى ولَو في حَقٍّ، لا يَجْلِب غير العُنْفِ المُمَاثِل.

وَمَن يَسْتَخْدِم القُوّةَ لكَي يُسَيْطِر،

تَرْتَدّ القُوّة عليْه كانْقِلَابِ السحْر عَلى الساحِر.

فالمُعلّم الحَكيم يُؤَدّي واجِبَهُ ثُمّ يَتَوقّف عند هَذا القَدْر،

لِعِلْمِه أنّ الكَون لا يَثْبت أَبَداً عَلى حَال،

وَمُحاوَلَة السَيْطَرة على الأُمور مَسيرَةٌ في عَكْس التَيّار.

ولِأنّه مُؤْمِنٌ بِنَفْسه، لا يُحاوِل إقْناع الآخَر،

ولِأنّه راضٍ عن نَفْسِه، لا يَحْتَاج رِضا الغَير،

ولِأنّه مُتَقَبِّل لِنَفْسه، يَقَبَلُهُ العالَم الأكْبَر.

---

[1] الوعيد: التهديد.

31

لأنّ السِلاُح أَداةٌ عنفٍ تبْغِضها النّاس الكِرام،

ولأنّها آلةُ رعبٍ يتجَنَّبونها في مُعظمِ الأحيْان،

إلّا في حَالات الضرورة القُصوى حيْث هُم مضّطَرون،

يسْتخدِمونها وأقْصى دَرَجات ضبْط النفْس يَتوخّون [1].

إذْ يجِلّون السّلَام ويُقدّرونه بأثمنِ القِيَم،

فَإذا تَحطّم السّلَامُ لا يغمُضُ لَهُم جَفْن.

يَرون في أعْدَائِهم أُناساً مثلَهُم عَاديّين،

لَيسوا مَصنوعِين مِنْ نارٍ ولاَ هُم بالشَّياطِين،

فلاْ يتمنُّونَ لَهُم الضَّرَر، بَل يأمَلون قضاءَ الخيْر.

وإذا انتصَرُوا في الحَربِ لا يبْتهِجون بالنَّصر،

فكيفَ لَهُم أنْ يبتَهِجوا أو يُهلِّلوا [2] لِذَبحِ البَشَر؟

---

[1] يتوخون: يقصدون.

[2] يهلل: يهتف ويصفق فرحاً.

يخوضُونَ المعارِك واضِعِينَ دمَهُمَ على الأُكُفّ،

بأحاسيسَ كلّها أسَى[1] ومَشَاعر الرَّحمَة والعطْف،

كأنَّهم يحضُرُون عزاءً أو يشارِكُون في دَفن.

---

[1] أسى: حزن.

32

إنَّ التاو لا يُدْرَك بعقلٍ ولا يُحَدّ بِفكْر،
أصغَرُ مِنَ الذرّات ومحيطٌ بالمجَرّات.

فَلو سارَ مَعَ التّاو الحُكّام، لَعَمَّ الانسِجام،
ولأصْبَحَت الأرضُ جنّةً مِنْ أروَعِ الجَنّات،
يعيشُ عليَها النّاسُ في سَكِينةٍ[1] وسَلَام.
عِنْدها، لا عَمَل لِرِجَال القَانُون،
لأنَّ الشَّريعَة مكتوبةٌ في القُلوب تَكوْن.

فعِندَما تُوجَدُ الأسمَاءُ والأشْكال، إعلَم أنّها آنيّة[2].
ومَتَى ما وُجِدت المؤسَّساتُ، تكونُ وظيفتُها وقْتيّة[3].

---

[1] سكينة: طمأنينة واستقرار.

[2] آنية: في الوقت الحاضر.

[3] وقتية: عرضية، مؤقتة.

وعنْدَما تَعْلَمُ مَتى يَجِبُ أنْ تَتوقَّف،
يُمكِنُك تدارُك أيَّ خَطَرٍ تُصَادف[1].

إذْ ينتَهِي كلُّ شيءٍ في التَّاو،
كجَرَيانِ الجَداولِ[2] والأنْهارِ، وانْتِهائِها في قلبِ البِحار.

---

[1] تصادف: تقابل، تواجه.

[2] جدول: مجرى الماء.

33

في مَعرِفة الآخرِ ذكاءٌ وشَطارَة،

أمّا في مَعرِفَة النَّفسِ.. فَحِكمَةٌ واستِنَارة.

في السَّيطَرة علَى الغَيرِ قوةٌ وجَبَرُوت[1]،

أمّا في السَّيطَرة على النَّفسِ.. فقُدرَةٌ ومَلكُوت[2].

مَتَى تَعلَمُ أنَّك تملِكُ الكِفَاية،

تُصبِحُ غَنياً إلَى مَا لانِهاية.

وإنْ تثَبَّتَّ في المَركَزِ بإرادَةٍ قَويّة،

وعانَقْتَ الموتَ بِطواعيّة[3]:

تكونُ قَد نَعِمتَ بالحياةِ الأبَديَّة.

---

[1] جبروت: عظمة وكبر.

[2] ملكوت: مُلك عظيم، سلطان.

[3] بطواعية: بكامل إرادته دون إجبار أو إكراه.

34

يجري التَّاو العظيمُ في كُلّ أنْحاءِ الكَوْن،

فكُلّ مَوجودٍ مِنْ وُجُودِه يَكون.

ومَعَ ذلِك فإنّه لمْ يَخلُقْها، بلْ فاضَ بِنفْسِه في عَمليّة الخَلْق والإنْشاء؛

لِذا لا يدَّعي الفَضلَ ولاْ يطلُبُ لِنَفْسِه الثَّناء[1]،

يَا ليْتَ شِعري، كيفَ يُحيي العَوالِم اللا مُتناهِيَة!

دونْ أنْ يَتملَّكَها، فلَها كامِل الحُريّة.

ولأنّه يَجري مَعَ الأَشْياء ويَخْتبئ في القُلوب،

يُمكِن أنْ يُدعى بِالمُتواضِع الودِيع[2].

ولأنَّهُ فَناءُ كلّ شيءٍ وفي خلودِه نذوْب،

يُمكِن أنْ ندعُوه أيْضاً بالجَلِيل البَدِيع.

ولأنّه لا يَدرِك عظَمَتَه، فهوُ عظيمٌ بِحَق.

35

أُولَئِك الذِين يتَمَركَزُون في التّاو،

يَتجوّلون في كُلِّ مكانٍ دوْن خوفٍ مِنْ أيّ خَطر،

يَنعَمُونَ بالتَّنَاغُم الكَوني حتّى وَسط أَلَمِهم الدُنيَوي،

لأنَّ قُلُوبَهم وجَدَتِ السَّلام المُنتَظَر.

أمَّا بقيّة النَّاس، فتأخُذُهم رائِحَةُ طبخٍ شَهيّة أو مَعْزوفةٌ على الوتَر،

لكِنهم لا يَتَوَقَّفُون ليُنصِتوا إلى كلامِ التَّاوِ المُضجِر.

فإنْ أنتَ تنظُر إلِيْه، لا ترى لَه أيّ أَثَر،

وإنْ أنتَ تنصِتُ لَه، لا حِسٌّ لهُ يَظهَر،

أمّا إنْ تُجرّبه فلا يَنضُبُ ولا يَندَثِر[1].

36

إذا أرَدْتَ لِشيءٍ أنْ يتَقلّص [1]، فدَعْهُ في البِدءِ أنْ يَتوسَّع.
وإنْ أرَدْت منه أنْ تَتخلَّص، فدَعْه في الأوَّل أنْ يَزدَهر ويَشبَع.
وإذا أرَدْت أنْ تَملِك الأشيَاء، فعَليْك أنْ تُبادِر بالعَطَاء:
هَذا هُو الإدْراكُ الخَفيّ، لِلطَريقةِ التي عَليْها الأمُور تجْري.

إنّ اللّيّن الطريّ يَتغلّب عَلى القَاسِي القَوي،
والسَّاكِن المُتمهِّل يَقْوى عَلَى السَرِيع المُتعجِّل:
فدَعْ أفعالَك مَستورَة كالأسْرارِ والألغَاز [2]،
تحْكي عَنها نَتائِجُها متَى مَا انكَشفَتَ للنَاس.

37

لَا يَقوْم التَّاو بِأيِّ فِعلٍ،
ومَعَ ذلِك يتمُّ مِنْ خلالِه كُلّ فِعل.

فَهلْ تَتَصوّر كيْف يُصبِح العالَم،
إذا اتّصَل زُعماؤه بِالتّاو الأعْظَم؟
وكيفَ تَتطوّر الأرْض بِنَفْسِها،
ضِمنَ إيقَاعها[1] الطَّبيعي المُنظَّم؟
عِندَها، يَعيشُ النَّاسُ راضيْن بِحياتِهم البَسيْطة اليَوميّة،
مُتَصَالِحين مَع أنفُسِهم، متحرّرين مِن رغَبَاتِهم الدُنيَوية.

فعندَمَا تَغيْب الرغْبَة،
يعِمُّ السَّلامُ وتَسُودُ المحَبَّة.

---

[1] إيقاع: اتفاق الأصوات والألحان وتوقيعها في الغناء أو العزف.

38

لا يُحَاوِل المُعلِّم الحَكيمُ أنْ يَحصلَ على القُوَّة،

لِذا فَهو قويٌّ بحقّ وقوَّتُه تَفيضُ مِنهُ بِلا عَنَاء[1].

أمَّا الشَّخصُ العَاديّ فَيظلَّ يسْعَى خَلفَ السُّلطَة،

لِذا فَهوَ لا يكتَفِي ولا يَكِفّ عَنِ التَمثُّل بالأقوِيَاء.

إنَّ المُعلِّمَ الحَكيمَ لا يَفْعُل،

لكنَّه لا يترِكُ شَيئاً نَاقِصاً غيرَ مُكتَمِل.

أمّا الشَّخْصُ العَادِيُّ فيظَلّ يَعمَل،

لكنَّه يَبْقى دوماً مُقصِّراً في العَمل.

فالرَّجُلُ اللطِيفُ يؤدِّي عمَلَه ويحاوِل إنجازَه بالتَّمَام،

أمَّا رَجُلُ العدْلِ فَيقُوم بالعَمَل ويُبقِي الكثيرَ دونَ إتْمام،

____

[1] عناء: مشقة، تعب.

ثمَّ يَأْتي رَجُل الأَخْلَاق، فإنْ لَمْ يَستَجِيبُوا لِفِعْلِه شَمَّر الأَكمَام [1]
وأقنَعَهُم بالقُوَّة والعَزم [2].

عندَمَا يَغِيبُ التَّاو، يَحضُر الخَيرُ فَتظهَرُ الفضِيلَة،
وعندَمَا يَذهبُ الخَير، تُفرَضُ الأخلَاق وتَقومُ العَدَالة،
وعندَمَا تُفقَد الأخلَاقُ، تأتِي الطُّقوسُ [3] مِن تطبيقِ الشَّريعَة.
فالطُّقُوسُ هي غطَاءُ الإيمانِ الحقِيقيّ،
ومِنْ دوْنِها بِدَايَة الفَوضَى والاختِلالُ العَشوائِي.

مِنْ أجلِ هَذا، يَهتمُّ المُعلّمُ الحَكِيمُ بالجوَهَر لا بالقُشُور،
بالثَّمَر لا بالزُّهُور.
ليسَ لَهُ إرَادَةٌ منفَصِلَة خاصَّةٌ بِه،
بلْ يَعِيشُ في الحقِيقَة الفِعلِيَّة، فتَهْجُرُه الأوهَام.

---

[1] شمّر الأكمام: رفع أكمام قميصه.

[2] العزم: التصميم والاجتهاد.

[3] الطقوس: الشعائر، القوانين التنظيمية.

39

الانسِجَامُ مَع التَّاو يَهِبُ السَّماءَ الرَّحابَة[1] والصَّفَاء،

ويُكْسِب الأرضَ الثَّبَاتَ والامتِلَاء،

كما وتنمُو الخلائِقُ كلُّها وتَزْدَهِر،

وترَضَى بالطَّريقَة الَّتي عَلَيهَا تستَقِرّ.

ويُعِيدُ ذَا الجمالُ نَفْسَهُ في تِكرَارٍ وتَطوُّر،

حتَّى يَأتِي المَخلوقُ البشَرِيُّ لمَجرى التَّاوِ يُعَكِّر،

حينَها تُستنزَف[2] الأرْضُ وتَغبَرّ السَّماء،

ويَخْتلُّ المِيزانُ ويَنْهارُ البِناء،

وتَنْقَرِضُ[3] الكائِنَاتُ، ويَسوْدُ الفَنَاء.

---

[1] الرحابة: الفساحة، التوسع.

[2] تستنزف: تستنفد، تنهك.

[3] تنقرض: تنقطع عن الوجود.

يرَى المُعَلِّمُ الحَكِيمُ الأجزاءَ بِعيْن الرحْمَة والتَفَاؤل،

هَذا لأنَّه يُدرِك الكُلَّ بِشكْلِه الشَامِل.

فالتَواضعُ لهُ نمطٌ[1] حياةٍ ومُمارسةٌ مستمِرَّةٌ،

فَهو لا يَتَلألأ ولا يَشعُّ كالجَوهَرَة،

بَل يَدَع التَّاوَ يَنْحَتُه: قَاسياً وعَادِيّاً كالصَّخرة.

---

[1] نمط: أسلوب، طريقة.

40

إنَّ حَرَكة التَّاو في رُجُوعٍ وعَودَة،
ومَسْلَكَه[1] تَسْلِيمٌ على مُختَلَفِ الأصعِدَة.

فكُلَّ شيءٍ مِنَ الوجُودِ مَولُود،
أمَّا الوجُودُ فيُولَدُ مِنَ الَّلا وُجُود.

41

إنْ أخْبَرْت الإنْسانَ المُميَّز عنِ التّاو، بَاشَر فَوراً في التَّطبيق.

وإنْ أخْبَرْت الإنْسانَ العاديَّ عنْه، لمْ يُنْكِر بَل اعتَمد الشكَّ والتَحْقيق.

أمّا إنْ أخْبَرْت الجاهِل الغَبيّ، غَشِي مِنَ الضَّحكِ وازدَرى[1].

فإنْ لمْ يضحَك، أتَكون عَنِ التَّاوِ أخْبَرْته يا تُرى؟

فَمِن أجلِ هَذا قَد قِيل:

الطَّريقُ إلى النّور يَبدو حالِكاً[2] أسْوَدَ،

والتَقدّم إلى الأمَام يَبدو ارتِداداً وعودَة،

والصِّراطُ المسْتَقِيم يبْدو للنَظر معْكوفا،

والقوَّةُ الحقَّة تبْدو خَاويةً[3] ضَعيفة،

---

[1] ازدَرى: استخف، احتقر.

[2] حالك: شديد الظلمة.

[3] خاوية: فارغة، خالية.

والصَّفاء الحَقيْقي يبْدو مُلوّثاً عَكِراً[1]،

والثَّابتُ الصَّامِد يبْدو مُتبدّلاً مُتغيّرا،

والوُضُوح التَام يبْدو غَامضاً مُبهما،

والفَنّ العَظيم يبْدو سَاذَجاً مُعْدَما[2]،

والحُبّ الحَقيقيّ يبْدو فَاتراً[3] لا مُباليا،

والحِكمَة العظيمةُ تَبدو طُفولية.

فالتَّاو مَحجوبٌ، لَن تَجِدَه في أيّ مَكَان،
ومَع ذلِك، فهو يُغذّي ويُكْمِل كُلّ مَا في الأكْوان.

---

[1] عكَّر: ماء مَخلوط مع أتربة وما شُابه.

[2] معدم: فقير.

[3] فاتر: ضعيف، خافت.

42

وُجِد الواحِد مِنَ التَّاو الأَزَلي،

ووُلِد الثَّاني مِنَ الواحِد الأوَّلي[1].

كذَلك وُلِد الثَّالث مِنَ الثَّاني،

ومِنَ الثَّالِث وُلِد كلّ الوجوْد الفَاني[2].

للأَشياءِ وجهَان: الظَّهرُ والصَّدرُ،

تديرُ الأشياءُ ظهرَهَا للأُنثى وتُواجِهُ الذَّكر.

فوحدَها، عنْدما يَتوحّدان: "الأُنثى والذَّكر"،

تُدرِك الأشْياء الإنسِجام المُنتَظَر.

لِذا تكرَهُ النَّاسُ الوحدَةَ ومنْها تفِرّ،

وتَراهُم عَمّن يُكمّلهِم في بَحثٍ مُستَمِر.

---

[1] الأولي: الأول الأساسي، في حالته الأولى.

[2] الفاني: الزائل.

أمَّا المُعلِّمُ الحَكِيمُ ففِي الوحدَةِ يستثمِر[1]، يُعانِقُها مُتَيقّناً أنَّه واحدٌ مَعَ العَالَم الأكبَر.

43

إنّ ألطفَ الأشياءِ في الوُجُودِ لا تُقاوَم،
بلْ تقوَى عَلى أقسَى الأشيَاءِ في العَالَم.
كَذلك تتخلَّلُ[1] الَّلا مَادّة مَا يَتعدّى المكان،
وهَذا مَا يُثبِتُ قيمَة الَّلا فِعْل.. الَّلا قِيَام.

أمَّا التَّعلِيمُ بلا كَلَام،
والإنجازُ دونَ أفعَالٍ تُقَام،
فهي طَريقَةُ المعلِّم الحَكِيم.

44

أيُّهُما أهَمّ، الشُّهرة أم الاستِقَامَة؟

وهَلِ المالُ أهَمّ، أمِ السَّعَادة أكثَرَ قِيمَة؟

ومَا هُو مهلِكٌ أكثَر: النَّجاح أمِ الهَزِيمة؟

فإن راقبْتَ النَّاس لتَحقيقِ النَّجاح وتجنُّبِ الفَشل،

فلنْ تُدرِك مَا إليْه تصْبو[1] وتأمَل!

وإنْ اعتَمدْتَ في السَّعَادة عَلى المَال،

فلنْ تكونَ أبداً سَعيداً أو مُرتاحَ البَال.

إرضَ بِمَا لديكَ وابتَهِج لِمَا هُو الحَال،

فعِندَما تُدرِك أنَّ لا شيءَ ينقُصُك:

يُصبِحُ العالَم كلّه مُلْكاً لَك.

---

[1] يصبو: يبتغي، يريد.

45

يَبدُو مَا هُو كَامِل مُنتقِص الحَال،

إنَّما هُو كَما هُو عَين الكَمَال.

كَذلِك يبْدو التَّامُ فَارغاً فيْه خَلَل،

إنَّما هوَ حاضِرٌ موجودٌ في أتمّ الحُلَل[1].

تَرى المُستَقيمَ الحقيقيَّ فيه الْتواء،

والحِكمَة الحقَّة يعلُوهَا الغَبَاء،

كَما يشوبُ الفنَّ الجميلَ بعضُ الهِجاء.

فالمعلِّم الحكيمُ يسْمح للأمورِ أنْ تجري،

ويتَأقلَم مَعَ الأحدَاثِ عندمَا تأُتي.

فَهو ينْأى[2] بِنفسِه عَن التدخُّلِ،

ويَدَع التَّاو عَن نفسِه أنْ يعبِّر.

---

[1] حلل: جمع حلة وتعني ثوب أو لباس.

[2] ينأى بنفسه: يبعدها.

46

عِندَما يتناغَمُ أيُّ بَلَدٍ مَعَ التَّاو،

تزدَهِرُ صِناعَةُ الشَّاحِنات وجَرّارات[1] الحُقول.

أمَّا حينْ يتَعارضُ البَلد مَعَ التَّاو،

تَرى رؤوسَ الصَّواريخ مُتأهِّبةً تنتَظِرُ قَرعَ الطُّبول.

فهَل هُنَاك وَهمٌ أعظَمُ مِنَ الخَوفِ والتوجُّسِ[2]؟

أمْ هُناك خَطأ أكبَر مِنَ الاستِعدَاد للدِّفَاع عَنِ النَّفْس؟

ومَا هُو أصْلاً أصْلُ البَلاء؟ غيرَ أنَّك تخلِقُ لنَفسِك الأعدَاء!

فمَن يستَطِع أنْ يَرَى الوهْمَ كَمَا هُوَ،

مِنْ خِلال حُجُبَاتِ الخَوفِ المُغَشّى،

يعِش أبَداً في أمْنٍ وأمَان.

---

[1] جرارات: جمع جرارة وهي سيارة تجر آلة الحرث.

[2] التوجّس: الإحساس بأن شيئاً سيئاً ما سوف يحدث.

47

دونَ أنْ تفتَح أيَّ بَاب،

يُمكِنُك أنْ تفتَح فؤادَك عَلى العَالَم.

دونَ أنْ تنظُرَ مِنَ الشُّبَّاك،

يُمكِنُك مُشَاهَدَة جوهَر التَّاو الأعظَم.

كُلَّما عَرفْتَ أكثَرَ، عَرفْتَ أنَّكَ لَا تعْرفُ شَيئاً.

فالمُعلِّم الحكيمَ يصِلُ دونَ أنْ يغادِر،

يشاهِد النُّورَ دونَ أنْ ينظُر،

ويُنجِز[1] العَمَل دونَ أنْ يأتِي بأيَّ فِعْل.

---

[1] ينجز: يُكمل.

48

في طَلَبِ العِلمِ والتَّعلُّم، كلّ يومٍ تكتسبُ المَزيد.

أمّا في مَسلَكِ العِرفَان[1] للتَّاو، كلُّ يومٍ يَسقطُ مِنكَ شيءٌ جَدِيد.

وفي تَسَاقُطِ الأشياءِ واحدةً تلوَ الأُخرى،

تَقِلّ حاجَتُك إلَى بذلِ الجُهدِ كي تَجري الأَحداثُ كمَا ترغَبُ وتَتمنَّى.

إلَى أنْ تبلُغَ أخيراً حَالة اللَّا فِعل،

وعِندَها حِين لَا تفعَل شيْئاً،

لا شَيءَ يبْقى نَاقِصاً بَل حينها يتِمُّ الفِعلُ.

فالإتقانُ الحقيقيُّ للتَّعامُل مَع الأُمورِ يحْصل:

إذَا سَمَحتَ لها أنْ تجري في مَسَارِها المُفضَّل،

إذْ لا يُمكِنكُ سيادَة الأشياءِ عَن طَريقِ التدخُّل.

---

[1] مسلك: طريق. العرفان: المعرفة المستقرة في النفوس من خلال التجربة.

49

ليسَ للمُعلِّم الحَكِيم عقلٌ خاصٌّ بِه مُنفَصِل،
إنَّما يعمَلُ مِن خِلالِ عَقْل البَشَر الأشْمَل.

هو خيِّرٌ مَعَ الأخيَار،
كمَا أنَّه خيّر مَعَ الأشْرار:
فهَذا هُو الخَيْرُ المُطلَق [1].

هُو يثِقُ بِمَن يستحِقُّون الثِّقَة وكانوْا أهلاً لَهَا،
كذَلِك يثِقُ بِمَن خانُوا الثِّقَة وليسُوا جَدِيرين بِهَا [2]:
فتِلكَ هِي الثِّقَة الحَقَّة.

إنَّ عقلَ المُعلِّم الحَكِيمَ كالفَرَاغ،

لا تَسْتَطِيعُ أَنْ تفقَهه[1] البَشَر.

يَنظُرونَ إليهِ مُنتَظِرين أيَّ بَلاغ[2]،

لكِنَّه يُعامِلُهُم كأوْلادِه دونَ تذمُّر[3].

---

[1] تفقَهه: تدركه.

[2] بلاغ: نبأ، إعلان مهم.

[3] تذمَّر: تأفَّف.

50

إنَّ المُعلّم الحكيمَ يَهِبُ نفسَه لِما تَجلِبُ اللَّحظَة الآنيّة،

فَهو يَعلَم أنَّه في آخِر المطَاف سُيغَادِر الدُّنيَا،

وليسَ فيْها أيُّ شيءٍ يُعَوَّل عليه[1] لِكي يبقَى،

لا وَهْمٌ في عقلِه ولا مُقاومة في بَدَنِه تُشَكِّلان لَه عَائِقا[2].

فهُو لا يُفكِّر في أفعَالِه، إذْ تنبُع مِن جوهَر كيانِه،

ولا يسْتَوقِفه شيءٌ في الحيَاة، لِذا هُو مُستَعِدٌّ دومَاً للمَمات،

كاسْتعدادِ رَجُلٍ للنَّومِ بعدَ قضاءِ يومٍ جيّد في العَمَل.

---

[1] يعوّل عليه: يعتمد عليه.

[2] عائِق: عقبة، حائل.

51

كُلّ كائنٍ في الكونِ هُو تَعبيرٌ عنِ التَّاو في كلّ حَال،
وفيضُهُ في الوُجودِ كاملٌ حرٌّ ومتجسِّدٌ في الأشكَال.
إنَّما الكائناتُ لا تَعي حقيقَة هذِه الحُرّية والكَمال؛
لِذا، فَهي تَدَع الظّروفَ المُحيطة تُكمِّلها بِتَجارُب عِرفانيّة[1].
مِنْ أجلِ هَذا، يجِلّ[2] العَالم التَّاوَ بعفويَّة.

يعْطي التَّاو الوِلادَة لكُلّ كائِن.
يُنمّيهم ويَصونُهم ويعتَني بِهم ويُريحهُم ويُعطيهم المَلْجأَ الآمِن.
ثمَّ يُعيدُهم إلَيه حيثُ هُو الموطِن.
إنَّه يخْلقُ دُونَ تمَلُّك، ويتصرَّف دونَ توقُّع، ويُرشِد دونَ تَدَخُّل.
لِذا، مَحَبَّة التَّاو هي مِنْ فِطرة الأشْياء الطبيعيَّة!

---

[1] عرفانية: المعرفة المستقرة في النفوس من خلال التجربة.

[2] يجِلّ: يعظّم.

52

فيْ البِدءِ، كانَ التَّاو ومِنهُ فاضَ الوُجُود،

حيثُ كلُّ شيءٍ مِنهُ يبدأ وإليهِ يعُود.

فلِتَعْرِفَ الأصلَ، تَعقَّبْ تجلِّيَاته[1] الجَليّة،

فعندَمَا تَتعرَّف على الأولَادِ والذرّية[2]،

وتجِدُ الأمَّ الكُلّية، سوْف تتَحرّر مِنَ الأحْزانِ المُضْنِية[3].

إذَا أسَرْتَ عقْلَك بِسِجنِ الأحكَام،

وشَغَلْتَه بِزحْمَة الرَّغبَات والأحْلام،

فسوفَ يضطرِبُ قلبُكَ ويضيعُ في مَتَاهَة[4] الأوهَام.

---

[1] تجلِّي: تجسّد، ظهر إلى الوجود.

[2] الذرية: النسل.

[3] المُضْنية: المتعبة، المرهقة.

[4] متاهة: مكان يضيع فيه الإنسان ويتيه.

أمَّا إنْ تَحرَّر عقلُك مِنْ تلكَ الأحْكَامِ والهَلْوَسَة[1]،
وانفَتَح وَعيُكَ إلى مَا يتعدَّى الحواسَّ الخمسَة،
فسيَجِد قلبُك الطمأنينةَ والسَّلَام.

البَصَر مِن خِلالِ الظَّلامِ نُور،
ومَعرِفَة كيفيّةِ التَّسلِيمِ قوَّة لا تَزُول.
فاسْتَخدِم نورَك الخَاص كَي تعُودَ إلى مصدِرِ النّورِ:
هَذا مَا يُسمَّى بِمُمَارسة الخُلُوْد[2].

---

[1] الهلوسة: تخيلات ذهنية يحسبها الإنسان حقيقية.

[2] الخلود: الأبدية.

53

إنَّ الطريقَ الرَّئيسيَّ سَهلٌ وأرضُه سويَّة،
لكنَّ النَّاس يفضِّلُون الطُّرُقاتِ الفرعِيَّة.
فَتَيقَّظ عِندَما تخرُجُ الأمورُ عنِ الاعتِدَال،
وابقَ متمَركِزاً مع التَّاو في نَفسِ المسَار.

إذْ عندَمَا يزدَهِر السَّمَاسِرَةُ[1] الأغنِيَاءُ وينمُو الاحتِكَار،
بينَمَا يفقِد المُزارِعُونَ أراضِيهم، مَصدَر رِزقِهِم الأوحَد.
وعِندَما تُنفِق الحُكومَة على شراءِ الأسلحةِ وآلَات الدَّمار،
على حِسَابٍ علاجِ المريض المُستنجِد.
وعندَمَا تغالي الطَّبَقاتُ الغنيَّةُ في التَّبذِير[2]،
بينَمَا يكونُ العَرَاءُ[3] مَسْكن الفَقِير.

---

[1] السماسرة: جمع سمسار وهو الوسيط بين البائع والشاري.

[2] التبذير: صرف المال على الكماليات.

[3] العراء: المكان الخالي المكشوف.

إعْلَم أنّ هَذا عَيْن النَّهْب[1] والفَوضَى،
بَلْ سُلوكٌ لا يتَّفِق مَع التَّاوِ أبَدا.

---

[1] النهب: السرقة، السلب بالغش.

54

مَنْ زَرَع نَفسَه في تُربَة التَّاو، أصبَح عصِيّاً عَلى القَلْع[1]،
ومَن تمسَّك بالتَّاو وعانَقه، يَثبتُ في الأرْض ولَن يَقَع،
ويُخلِّد اسمُه شَرفاً، يَذكُرونه جيْلاً بَعدَ جِيل.

دَعِ التَّاو يحضُر في حَياتِك، ستصبح حقيقياً في الصَّمِيم[2]،
ودَعْهُ يحضُر في عائِلَتِك، ستزدَهر وتعِش في نَعيم،
أمَّا إنْ حضَرَ التَّاو في بلدِك، فسوفَ تَكوْن نموذجاً للعالمين،
ومتَى مَا حَضَرَ في الكوْنِ، فستَسْمَعَ الكوْنَ يُغَنِّي.

كيفَ أعلَم أنَّ هذا صحيحٌ ويقِيني؟
مِن خِلال البَصَر في ذواتِ نَفسِي.

---

[1] عصياً على القلع: لا تستطيع انتزاعه.

[2] الصميم: الجوهر، الأصل.

55

هُوَذَا المُنسَجِم مَعَ التَّاوكالطِّفلِ المَولود الجَديد؛
فعِظامُه ليّنَة وعَضلاتُه ضَعيفَة، إنّما قَبْضتُه مِن حَديد.
لا يَعلَم عَنِ الجِماع أيّ شَيء، إنَّما يسْتطيع الانتِصاب،
ذَلك مِنْ قوَّة الحَياة المُكثَّفة في كَيانِه الجَذّاب.
فَهو يبْكي مُجمَلَ الأيّام دوْن أنْ يُبَحَّ[1] صَوْته أو يَخشُن.
كمْ هُو كامِلٌ في جَمالِه المُنسَجِم!

كَذلك هيَ قِوَى الحَكيم المُعلِّم.
إنَّه يَدَع الأُمور أنْ تأتِي وتذهَب،
بلا جُهدٍ أو عَنَاء أو رَغبَة في أيّ مكسب.
فَهو لَا يَتوقَّع النتائج أبدَاً،

---

[1] يبح الصوت: يخشن من كثرة البكاء والصراخ.

لِذا لا يَخْيْب لَه ظنٌّ ولا يُفسِد في القَضيّة ودّاً.[1]

ولِأنّه لا يُحْبَط ولا يَندَم، تَرى روحَه في شَبابٍ دَائم.

---

[1] لا يفسد في القضية ودا: لا شيء يؤثر على الود أو حسن التعامل مع الآخرين.

56

أولئِكَ الَّذينَ يعرِفون.. لا يَتكلّمون،

وأولئِكَ الَّذينَ يَتكلّمون.. لا يعرِفون.

صُنْ لِسانَك وأوقِفِ الكَلام،

أطفِئ حواسَّك وأيقِظ حدسَك مِن النوم،

خَفِّفْ مِن حِدّة ذَكائِك القَاطِع،

فكِّكْ عُقَدك واعتِقِ البُعْبُع[1]،

اخفِ بَريْق وَهجِك السَّاطِع،

ودَعْ غبارَك المتناثِر يهْجَع[2]:

هَذا هُو التَوحّد في الحَال الأوّلي.

---

[1] البعبع: كائن وهميّ يفزعون به الأطفال. اعتق البعبع: حرر نفسك من الأوهام المرعبة.

[2] يهجع: ينام، يسكن.

تَكوْن كالتَّاو في تِلك الحَال.

فَهو لَيس بشيءٍ مِنْه تَقترِب أوْ عَنه تَنأى[1]،

وَهو لَيس بشَخصٍ كي يَستَفيْد أوْ يَتَأذى،

ولَا يُمكِنك أنْ تُكرِّمَه أوْ تُدينَه أوْ تَجلِب عَليه العَار،

إذْ يَتخلَّى عنْ نفْسِه ويُسلِّمها لِتلكَ الحَال..

لِذا هُو دَائم البَقاء والاستِمرار.

____

[1] تنأى: تبتعد.

57

مَن يَتعلّم اتّبَاع التَّاوِ في سِياسةِ الإمارَة،

يُصبِح حَاكماً عَظيماً يقُود الرَعيّة[1] بِجَدارة.

فأوقِف كلَّ مُحاولاتِ السيْطرة،

وأسْقِط الخُطَط الثَابِتة المُسطّرة[2]،

وسَيحكُم العَالَم نَفسه بنفسِه.

فكلَّما تشدّدَتِ الأُمّة في التَّحريم والحَظْر[3]،

شاعَتِ الرَّذيلَة[4] بين فئاتِ البَشر.

وكلَّما امتلكَتِ الدَولة المزيدَ مِنَ السِّلاح،

<hr>

[1] الرعيّة: عامة الناس

[2] المسطّرة: تأتي هنا بمعنى أن الخطط مدروسة ومرسومة بدقة على المسطرة.

[3] الحظر: التشدّد في المنع ووضع القيود.

[4] الرذيلة: عكس الفضيلة، العمل الخسيس، التصرف الدنيء.

زادَ الخطَر وعمَّت الأتْراح [1].

وكلَّما زادَت الجَمعيّات في إعاشَة النَّاس،

قَلَّ النّاس في الاعْتمادِ علَى النَّفْس.

مِن أجلِ هَذا يَقول المُعلِّم الحَكيْم:

دَعْكَ مِن سنّ القَوانين [2]،

يُصبِح النّاس نُزهاء ويَقلّ المُخَالِفين.

ودَعكَ مِن التَّدَخُّل في الاقتِصَاد،

تنتَعشِ الأوضَاع وتزدَهِر البِلاد.

ودعكَ مِنْ فَرضِ التَديُّن والطُّقُوس [3]،

تَطمئِنّ القُلُوب وتَصْفُ النُّفوس.

وتَرفَّعْ عَنِ التَّوقِ لإحلالِ الخَيرِ العَام،

يسُدِ الخيرُ كالعُشب غامِراً كُلِّ مَكان.

---

[1] الأتراح: الأحزان.

[2] سن القوانين: التشريع وإصدار القوانين.

[3] الطقوس: الشعائر، القوانين التنظيمية.

58

إنْ حُكِمَتِ البِلاد بالعَفوِ والسَّماح،
تَرى النَّاس صادِقين يعيْشون بارتِياح.
أمَّا إنْ حُكِمَ البَلد بالاسْتِبْداد[1] والقَهر،
اكْتَأَبَ[2] المُواطِنون وازْدادوا في المَكْر.

عِندَما يَترَبَّع مُرِيدُ السُّلطَة عَلى العَرش:
مَهْما ارتَفَعَت مُثُله العُلْيَا، تَأتي النَتائِجُ مُخزية[3]،
وكلَّما حَاول إسعَادَ النَّاس، يكونُ قَد وَضَع للبؤسِ[4] الأَساس،
ومُثابَرتِه عَلى فرضِ الفَضيلة، تَؤولُ[5] إلى المَزيد مِنَ الرَّذيلة.

---

[1] الاستبداد: الظلم، التعسّف.

[2] اكتأب: حزن وساءت حالته النفسية.

[3] مخزية: مخجلة.

[4] البؤس: الشقاء، التعاسة.

[5] تؤول: تؤدي.

لِذا، فإنّ المُعلّم الحَكيم رَاضٍ أنْ يكوْن في حُكْمِه بِمَثابَة مِثال.

لا يَفرضُ مَشيئتُه علَى أحَد،

حادٌّ لكنّه لا يَخرُم [1]،

مستقيمٌ لكنّه مَرِن [2]،

مُشرقٌ إنّما لا يَبهُر الأعيُن.

---

[1] يخرم: يثقب، يخترق.

[2] مرن: سلس، ليّن.

59

لِحُكمِ البِلاد بأفضلِ الأشْكَال،

ليسَ هُناكَ أحسنُ مِنَ الاعتِدال.

فَميْزة المُعتَدِل أنّه مُتحرّر مِن صَنَميّة الأفْكار.

مُتسامِح ومُتقبِّل للْغَير كالسَّماء،

مُنتشِر كَضوءِ الشَّمس في كُلّ الأرْجاء.

ثابِت مُتجذِّر[1] كالجَبَل لا يَزيح[2]،

لَيّن كالشَّجَر يَتمايلُ مَع الرِّيح.

ليسَ لديهِ وُجهَة لِرأيْه تُعيْقه[3]،

إنَّما يَستفيدُ مِن أيِّ شيءٍ تجلبه الحَياة في طَريْقه.

---

[1] متجذّر: راسخ وله جذور عميقة في الأرض.

[2] يزيح: يتحرك.

[3] تعيقه: تأخره، تعرقله.

لا شَيء عَليْه مُستَحيْل.

ولأنَّه يدَعُ[1] الأشَياء تَصيْر:

يَستطيْع الاهتِمام بِرعِايةِ النَّاس،

كَمَا تعْتني الأمُّ بطفْلِها الخَاص.

---

[1] يدع: يترك، يقبل.

60

حُكْمُ دَوْلة كَبيرة كَقلْي سَمَكة صَغيْرة،
إنْ أكثَرْتَ تَقْليبها والتَدخّل بِطَهْيها أفسَدْتَّ القَليَّة.

أمّا عِنْدما يَتَماشى التَّاو مَع حُكمِ الرَعيّة[1]،
يَفْقُد الشَرّ سَطوتَه في الأذيّة؛
ليسَ لأنّه اختَفى مِنَ الوجُود،
بَل لِنأيهم[2] عنْ مَسَاره فَلن يعُود.

فَما لَم تعْطِ الشرَّ شَيئاً يُعانِده يَختَفي،
دوْن مُقاوَمة أوْ أي كِفاحٍ خَفي.

---

[1] الرعية: عامة الناس.

[2] نأيهم: بعدهم.

61

عِندما تُصبِح الدَّولة قوّة عُظمى.. تصيرُ كالبَحر:

حَيْث تصبُّ فيْه كلُّ ساقِية[1]، وينْتهي إليهِ كلُّ نهْر.

وكلّما زادَتِ الدَّولةُ نُفوذاً، زَاد احْتياجُها إلى التَواضُع،

فالتَواضُع يعْني الوثُوق بالتَّاو، عندئذ لا حَاجَة لَها أَنْ تُدافِع.

إنَّ الأمّة العَظيْمة كالرجُل العَظيم، إنْ أخطأَ أدْرك ذَلك ولَم يُنكِر.

مُتواضِع فَهو إنْ شَخّص[2] خطَأَه.. بِه أقرّ،

ولأنَّه أقَرَّ بِه أصْلَحه فَأوقَف الضَّرر.

إنّه يعتَبِر مَن يُشير إلى عُيوبه: أفْضل مُعلّم،

ويَرى أنَّ عَدوّه كَظِلّه الذي عَلى شَكلِه رُسِم.

فَإذا تَمرْكَزَتِ الدَّولَة مَع التَّاو،

وَرَعَتْ[1] شَعْبَها عِوَض التدَخّل في شؤونِ غيْرها مِنَ الأُمَم،

أَصْبَحَتْ نُوراً لِجميْع الدوَل فيْ العَالَم.

62

إنَّ التَّاو هُو مَركَز الأكْوان،

فَهو للصَّالِحِين كنْزٌ ثَمِيْن،

وهُو لِلأشْرار مَلجَأ الأمَان.

يُمكِنك أنْ تنالَ التَّقدِير إذَا أحْسَنتَ الكَلام،

ويُمكِن للعَمَل الصَّالِح أنْ يُكسِبَك الاحتِرام،

إنَّما التَّاو يتَعدَّى كُلَّ هَذه القِيَم،

ولَا أحدَ يستَطِيع تحْقيقَه بالتَّمام.

لِذا، عِنْدما يُنتخَب قَائِد جَدِيد، لا تُساعِده بالخُبرة أوْ بالمَال،

بلْ علِّمْه في المُقابِل كيْف يَتِمّ بالتَّاو الوِصَال.[1]

فَهلْ تعْلم لِمَ التَّاو مُقدَّر مِنَ السَّادة القُدامى؟

لأنَّكَ فِيْ التَوَحُّد مَعَ التَّاو تَجِد مَا إليْه تَسْعى،

وإنْ أذْنَبْت غَفَر أخْطاءَك وعَفا.

لِذَلك يَعْشقُه جَميْع الوَرى[1].

[1] الورى: الناس، الخلق.

63

مَارِس اللَّا فِعل في التَصرّف، وإنْ فَعَلْتَ لا تُجهِد نَفْسك أو تَتَكلّف [1]،

فَكِّر في الأمُور الصَغيرة عَلى أنَّها أشياء كَبيرة،

عامِل القِلّة القَليلة عَلى أنَّها أعْداد كَثيرة،

واجِه الصِّعاب بيْنما لا تَزال عُقَداً [2] يسيْرة؛

فكُبرى المهمَّات تُنَفَّذ بِسلْسلة مِن الأعْمال الصَّغيرة.

لا يسْعى المُعلِّم الحَكيم إلى العَظَمة، لِذا فَهو يُحقِّقها،

وَعِندَما تَعترِضُه صُعوبَة يَتَوقّف عِندها ويُكرِّس [3] نَفسه لَها،

فَهو لَا يَتعلّق بِما يَجْلِبُ لَه الرَّاحَة،

وبالتَالي فإنّ المَشاكِل لا تُشكِّل لَه مُشكِلة.

---

[1] تتكلّف: تتصرّف بتصنّع وبمشقة.

[2] عقد: جمع عقدة وتعني عقبة أو مشكلة.

[3] يكرس: يخصص.

64

مِنَ السَّهل تَنْمية مَا هُو مُتجذِّر[1]،

ومِنَ السَّهل أنْ تُصْلِح خَلَلاً حديثَ العُمرِ،

ومَا هُو هَشٌّ[2] فَهو سَهْل التَكسُّر،

ومَا هُو صَغير فَهو سَهْل التَبَعْثُر.

لِذا تَجنَّبْ المَتاعِب قبْل أنْ تَظهَر،

رتّب الأمُور قَبل أنْ تَحصُل؛

فأضخَم أشجارِ الصَّنوبر،

تَبدأ بِرْعماً فيْ مُنتَهى الصِغَر.

ورِحلَة الألفِ ميْل[3] تَبدأ بِخُطوة فيْ الأوّل.

---

[1] متجذِّر: راسخ وله جذور عميقة في الأرض.

[2] هشّ: رقيق، قابل للكسر بسهولة.

[3] ميل: وحدة قياس للطول وتساوي 1.609344 كم.

لا تَتَسرّع في العَمَل كَيْ لا تَفشَل،

ولا تُحكِم قَبضتَك علَى الأُمور، فتَتفلّت مِنكَ وتنْدثِر[1]،

ولا تُجبِر المَشروع علَى الإكمال، فتُفسِد مَا كانَ يَجِب أَنْ يَظْهر.

لِذلِك، إنَّ المُعلّم الحَكيمَ يقومُ بالفعْل،

مِن خِلال تَرك الأُمور أَنْ تَأخذ مَجراها.

فكَما هُو هَادِئ في البدء، يظلُّ سَاكناً في الآخِر،

لَا يملِكُ شَيئاً، لِذا ليْس لَديهِ شيءٌ لِيَخسر.

إنَّ كُل مَا يَرغب بِه هُو: الّلا رغبة، أيْ مِنَ الرَّغبة التَحرُّر،

وكُل مَا يتعلَّمه هُو: اللا تَعلُّم، أي أَنْ تَطْرَح[2] جَانباً مَا تَحَجّر.

إنّه بِبساطَة يُذكِّر النّاس مَن كانُوا دَوماً ومَن هُم،

ولَا يَكترِث لِشيءٍ سِوى بالتَّاو، لِذا تَجِده بِكلّ الأُمْور يهْتَم.

____

[1] تندثر: تختفي.

[2] طرح: إسقاط، ترك.

65

إنَّ المُعلّمين الحُكَماء القُدامى لمْ يُحاوِلوا تَثقيْف الآخَرين،
إنَّما عَلَّمُوهم بِلُطفٍ: هو أن يَطرحوا مَا يعْلمون.

إذْ تصعُبُ هِداية مَن يُؤمنون أنَّهم يَعْلمون الإجابَات عِلمَ
اليَقين[1]؛
أمَّا عنْدما يعلَم النَّاسُ أنَّهم لا يعرِفون،
يُمكنهم أنْ يجِدُوا طريقَهم الخَاصّ المُعين.
إنْ أرَدْتَ التَعلُّم كيْف تَحكُمْ، تجنَّبِ الغِنى والشَّطَارة؛
فَأوضَح الطُّرُقِ هُو البسَاطة.
وبالرِّضَى في عيْشِ حَياةٍ بَسيْطة طَبيْعية،
يُمكِنك أنْ تَدُلَّ الجميْع عَلى طَريقِ العَودَة إلى طَبيْعتِهم
الحَقيْقيّة.

---

[1] علم اليقين: علم لا شك فيه.

66

كُلّ الأنْهار تَصُبّ في البَحر؛

لأنَّ البحرَ يقعُ في الأسْفل،

فالتواضُع يمنَحه القُوّة الأكْبر.

إذَا أردْتَ أنْ تَحكُمَ القَوم،

يجِب أنْ تضَعَ نفْسك دونَهم.

وإنْ أردْتَ أنْ تقودَهم وتَتَزعّم،

يَجب أنْ تَتعلّم كيْف تتْبَعهم.

إنَّ مكانَة المُعلّم الحَكيم فَوْق الشَّعب،

لكن لَا أحَد مِن الناسِ يشْعرُ بالظُّلم.

تَجِده في الطَّليعة[1] يَقودُهم في الدّرب،

ولَا أَحَد مِنْهم يشعرُ بِأنّه مَخْدوعٌ في الحُكْم.
فالعَالَم كلّهُ ممْنُونٌ[1] لهُ، ولأنّه لَا يُنافِس أَحَداً،
لا يَستطيْع أحدٌ أن يكون له نِدّاً[2].

---

[1] ممنون: شاكر ومعترف بالفضل.
[2] النِّدّ: المِثل، النظير، المُنافس.

67

بَعضُهم يَقول إنَّ تَعاليْمي هراءٌ[1] وحُمْق،

والبَعضُ الآخَريرَى أنَّها ساميةٌ[2] لكنّها نَظريّاتٌ لا تُطبَّق.

أمّا لأولئِك الذيْن أبصروا ذواتَهم، هَذا الهراء هُو عَينُ المنطِق.

ولأولئِك الذيْن طبّقوها، هَذا السُموّ لهُ جُذورٌ في العُمق.

تَعاليْمي تقْتصِر عَلى ثَلاثة أشْياءٍ فَقط:

البَساطَة، والصّبْر، والرَّحْمة.

هَذه الثلاثَة هيَ أعْظم الكُنوز في الحَياة؛

فإذا اتَّبَعْتَ في أفعالِك التَواضُع وفيْ تفْكيرِك البسَاطة،

تعُودُ إلى أصلِ الوجُود.

وإنْ تكُن مَعَ الأصدِقاء صبوراً ومَعَ الأعْداء حَليماً،

تتَّفِق مع الطَريقة التي عَليها تسيْر الأُمور.

---

[1] هراء: كلام هذيان غير خاضع للمنطق.

[2] سامية: شريفة، نبيلة.

أمّا إذَا كنتَ معَ نفسِك رَحيماً،

تَتصالَح مَعَ كُلِّ كائِنٍ[1] مَوجُود.

---

[1] كائن: مخلوق.

68

أفضَلُ الرِّياضِيين يُنافِسون الخَصْمَ وهو في أفضلِ حَالاته،
وأفضَل الجِنرالات[1] يَقرؤوْن أفْكارَ العدوّ في تخْطيطَاته،
وأفْضل رجالِ الأعْمال يَخدِمون الخيْر الاجتِماعيَّ العَام،
وأفضلُ القَادة يتَّبِعون إرادةَ الشَّعب فيْ الحُكم.

كلّهم يُجسِّدون فَضيْلة عدَم التَحدّي؛
ليْس لأنّهم لا يُحبّون المُنافَسة،
بلْ يَتنافَسون بِروُح اللَعِب دُون تعدٍّ.
فيْ ذَلك هُم يَتسابَقون كالصّغار بِسلاسَة.
وفيْ انسِجامٍ مَعَ نَغَماتِ التَّاو الأبَدي.

---

[1] الجنرالات: جمع جنرال وهي رتبة عسكرية تمنح لأعلى الضباط.

69

لَدَى الجِنرالات مَقولة:

"الأفْضل أنْ تنتَظِروتُشاهد، بدلاً مِن أنْ تقومَ بالخُطوة الأُوْلى".

والأفضَل أنْ تَتراجع مِتراً، بدلاً مِن أنْ تتقدَّم إنْشاً[1]:

هَذا مَا يُسمّى بالمَضيّ للِأمام دُون أنْ تَتقدّم،

والمُعارَضة حتّى المُقاومَة بغَير سلاحٍ يُتسْتخدَم.

إنْ استَخْفَفت بأعْدائكَ: فهلْ مِن مُصِيبةٍ أعظَم؟

فبِاستخفافِك بهم تَكوْن قَد اعْتبرتَهم الأشْرار،

وبِهذا تكونُ عَلى كنوزِك الثَلاثة[2] قَد حكمْتَ بالدَّمار،

فتُصبح أنتَ العدوّ مِن غيْر أنْ تعلَم.

فعندَما تَتَواجه قوَّتان عَظيمَتان،

سيَكونُ الانتِصار لمَن يعرِف أن يُسلِّم.

---

[1] إنش: وحدة قياس للطول وتساوي 2.54 سم.

[2] الكنوز الثلاثة: حسب لاوتزو هي البساطة، الصبر، والرحمة. راجع فقرة 67.

70

إنَّ تعَالِيْمي سَهلةٌ للفهَم،

ويسيرٌ وضعُها قيدَ التَّطبيق.

إنَّما إذراكك لا يَفقَه[1] هَذا العِلْم،

وإنْ حاولْتَ تَطْبِيقَها، فَأنتَ عاجِزٌ عَنِ التَّحْقِيقِ.

إنَّ تعاليِمي أقدَمُ مِنَ العالَم؛

فكيفَ لكَ أنْ تُدرِكَ مَعْناها الحَقِيقي؟

أمَّا إنْ أردْتَ أنْ تعرِفَني،

فاسألْ فُؤادَكَ[2]، ألَمْ يذْكُرني؟

---

[1] يفقه: يدرك، يفهم.

[2] فؤادك: قلبك.

71

مَا هِيَ المَعرِفَة الحَقِيْقية؟

هِيَ إدرَاكُك أنَّك لا تَعلَم!

أمّا اعتقَادُك بأنَّك تعلَم،

فذالكَ هُو الدَّاء المُسقِم[1].

إذَا أدركْتَ أنَّك مَريضٌ أوَّلاً،

تكونُ قدْ خطَوْتَ نحْو الصِّحَّة فعْلاً.

إنَّ المُعلِّمَ الحكيمَ هُو طَبيبُ نفْسِه؛

إذْ عالَج نفسَه مِن آفَة الاعْتِقَاد أنَّه يعلَم،

وبرَّأها مِن كُلّ معْرفة كي لا يسْتبِق الحكْم.

لِذلِك، فَهو مُتكامِلٌ بحَق.

---

[1] الداء المسقم: العلّة الممرضة.

72

عنْدما يفقِد النّاس إحْساسَهم بِشُعور الرَّهبةِ والدهْشة، يَتّجهُون إلى التَديّن كي يَشْعرُوا بِالإنْتِماء.

وعندَما تهتزّ ثقتُهم بأنْفسِهم، يبْدأ اعتِمادُهم عَلى ذوي النُّفوذ والأوْلِياء.

مِن أجلِ هَذا، يبْتعِد المُعلّم الحَكيم ويَرجعُ إلى الوَراء:

كيْ لا يُشوّش أذهانَ النّاسِ في الاعتِماد عَليه مِن أجلِ البقَاء.

فَهو يُعلّم النّاس دوْن تَعالِيم،

حتّى لا يَبقى لَدَيهم شَيءٌ كَي يتعلّمُوه بالتَلقِين[1].

[1] التلقين: غرس المعلومات في الفكر، زرع الإعتقادات في الذاكرة.

73

إنَّ التَّاو سَلِسٌ [1] دوماً ويَنعمُ بالهَناء،

ويَنتصِرُ دونَ مُنافسَة أوْ عَناء،

ويُجيبُ دوْن أنْ يلفِظ كلِمةً واحِدَة،

ويَحضُر دونَ أنْ يَدعوهُ أَحَدا،

ويُحقِّق الإنْجازات بِلا تَخطِيطٍ مُحَدّد.

فشِباكُه تُحيطُ بكلِّ الكَون.

وإنْ كانَت بِها ثُقوبٌ واسِعة الحَجْم،

لا يُفلِت مِن قَبضتِها أحَدٌ مِنَ العَالَم.

74

إذَا أدرْكتَ أنَّ طبيعةَ الأشْياء دائمةَ التَغيّر،

لَنْ يَبْقى شَيءٌ حَتّى بِه تَتعلّق.

وإذَا أنْت مِن خَوف المَوت تتَحرّر،

لَا يَبقى شَيءٌ لا يُمكِنك أنْ تُحقّق.

ومُحاولَة التَحكّم بالمُستقبَل،

كمُحاولَة أخْذِكَ مَكانَ النجَّار البَارع،

فعِندَما تُمسِك آلاتَه وتَبْدأ بالنشْر،

ما احتِمال نَجاة أصابِعكَ مِنَ البتْر[1]؟

---

[1] البتر: القطع.

75

حيْن تزدادُ الضَرائِب،

تَجوْع النَّاس وتُقاسي المتَاعِب.

وعِندَما تَتدخَّل الدوْلة وتَتحكّم بكلِّ المَضاربِ[1]،

يفْقد النَّاس روْح الأمَل بالتغلُّب عَلى المَصاعِب.

فاعْمَل مِنْ أجلِ مَصلحةِ النَّاس والخيْر العَام،

وثِقْ بِهُم ودَعْهم في سَلام.

76

يُولَد الإنْسانُ جَسداً ناعِماً وَطريّا،

ويَمُوتُ جُثّة صَلْبَة وقاسيَة.

كذلِكَ النَّبات في نُموّه طَريّ ولَيّن،

وعندَما يموتُ يَجفّ ويخشَن.

وهَكذا، فكُلّ مَن قَسا وتَشدَّد،

هُو مِنْ أتْباع المِوتِ المُهدَّد.

وكلّ مَنْ رَقّ ولَان،

هُو مِن تَلاميذِ الحَياة المُفعَمَة بالألْوان.

إذْ إنَّ الصُّلْبَ القَاسي يَتحَطّم وينْكَسِر،

أمّا اللطيْف السَّلِس[1] فيَحْيا ويَنْتَصِر.

---

[1] السلس: السهل الطبع.

77

إِنَّ عَمَلَ التَّاو فِيْ العَالَم،

كانْحِناء قَوسِ النشَّاب لِرَمْيِ السِّهام؛

تَرى الطَّرفَ العَالي إلى الأسْفلِ يَتَحدَّب[1]،

والطَّرفَ المُنخَفِض للأعْلى ينْجَذِب،

فَتَعْتَدِل الزيادَة بالنُّقصَان،

لِيَتَحقَّق التَوازن ويَنْتظم المِيْزان.

كَذلِك يَأخذُ التَّاو مِمَّا فَاضَ ورَشَح،

لِيُعطِي مَا قَد قَلَّ وشَحّ.

أمَّا أولئِك الذيْن يُحاوِلون السَّيطَرة،

ويَستخدِمون القُوّة للدِّفاع عَنْ سُلْطتِهم العابِرة،

يَسيْرون عَكسَ مَسارِ التَّاو.

---

[1] يتحدّب: يصير مقوّساً وينعطف إلى الطرف الآخر.

فهُم يأخُذونَ مِمَّن لديْه القَليل،

ويَعطونَه لِمن لديهِ الكَثيْر.

أمَّا المُعلّم الحَكيْم فَبِإمكانِه الاستمْرار في العَطاء،

لأنَّ ثرْوتَه وافِرةٌ[1] لَيس لَها انتِهاء.

يَتصرَّف دوْن توقُّع المستَقْبل،

ويَنجَحُ في عمَلِه دونَ أنْ يدَّعي الفَضْل.

كَما لَا يعْتقِد أنَّه مِن أحَدِهم أفضَل.

---

[1] وافرة: كثيرة، هائلة.

78

هَلْ هُناكَ أَلْيَن وأكثرُ استسلاماً مِنَ الماءِ؟

غَيْرَ أنّه في تفْتِيتِ أقَسى الصُّخور الصمَّاء[1]،

لا شَيء يَستطيْع مُجَاراته أو التفوُّقَ عَليه.

فَاللّينُ يَتغلّب عَلى القَاسي الصّلْد[2]،

كَما يقْوى اللطيْف عَلى الكثيْف المُجَمَّد.

وهَذا مَا يعْلمه الجَميْع، لكِن قِلّة قليْلة قَد تُطبّق؛

فَهلْ للْعلمِ من نفْع إذا بالعَمل لا يَتحقّق؟

لِذلِك يبْقى المُعلّم الحَكيْم ثَابتاً في خِضَمِّ الأَسى،

وقَلبه مُحصَّنٌ مِن أيّ شرٍّ أوْ أذَى.

ولأنَّه تَخلّى عَنْ إعَانةِ الوَرى[1]،

تجِدَه لَهُمُ السَّند[2] الأقْوى.

إنَّ كَلامَ الحَقّ يبْدو مُتناقِضاً ومُنافياً للمَنطِق!

<hr>

[1] الورى: الناس.

[2] السند: كلّ ما يُعتمد عليه ويُستند إليه.

79

إنَّ الفشَل فُرصَة للنَّجاح، فمَنْ خسِر معرَكةً لمْ يخسَر الحرْب. أمَّا إنْ لُمْتَ الآخَرين عَلى الفَشل، فَما مِن نِهاية لِلمَلامة والعَتَب[1].

لِذلِك، فالمُعلِّم الحَكيم يُصحِّح الخَطأ ويَفي بالوعْد. ويقُومُ بِما يَحتاجُ لِفعلِه، ولَا يَطلبُ مُقَابلاً مِن أحَد.

80

إِذا حُكِمَ بلدٌ مَا بِحِكمَة، فسَينْعم سُكّانه بالاطْمِئنان والسَّلام النَفسي.

فَهم يسْتمتِعون بِما تُنتج أياديْهم وَلا يُضيّعون أوْقاتهم في اختِراعاتٍ تُوفِّر عَمَلَهم اليَدوي.

ليْسوا مُهتمّين بالسَّفر لأنَّهم يعْشقُون بلدَانَهم.

يملِكُون بعضَ العرَبَات والسُّفُن، لكنَّها لا تُغادِر مكانَهم.

قدْ تكُون لديْهم تَرسانَة[1] أسْلِحة، لَكن يبْقونها بِلا استِخدام؛ فهُم يَعيْشون بِفرحٍ وسط عائِلاتهم ويَستمتِعون بِما لَديْهم مِن طَعام،

ويَقضوْن عطْلة نَهاية الأُسبوْع في الاهْتمَام بالحَدائِق والجِنان، ويُساهِمون بِفرَحٍ في مُناسَبات الأهْل والجِيْران.

حتّى ولَو أنَّ البلدَ المجَاوِر لَهم قريبٌ جِداً،

مِن حَيث إنّهم يسْتطيعُون سَماع صِياح دُيوكه ونِباح كِلابه،
يَرتضُون الموتَ في بلادِهم شُيوخاً[1] أكابِر،
حتّى دوْن أنْ يزُوروا ذلِك البَلد المُجاوِر.

---

[1] الشيوخ: المسنّون في العمر.

81

كَلامُ الحقّ غيْر مُنمَّق[1]،

والكَلام المُنمَّق ليْس بِحَقّ.

فالحَكيْم لا يَحتاج لإظْهار البَراهيْن،

ومَنْ يحْتاج لإثبَات رأيه ليسَ بِحَكيم.

إذْ إنّ الجَدَل رَمادُ الأفكَار،

والحِكمَة نورٌ مِنْ غيْر نَار.

لِذا، تَرى الكَثير مِن العُلماء،

ولكنّهم ليْسوا بالحُكماء.

فسَبيْل العِلم اكتِسابٌ وتَلقيْن[2]،

<hr>

[1] منمّق: مزخرف ومبالغ في تزيينه.

[2] التلقين: غرس المعلومات في الفكر، زرع الإعتقادات في الذاكرة.

أمّا سلْسَبيل الحِكمة إكسيرُ اليَقيْن [1].

فالمُعلّم الحَكيم لا يَمتلِك شَيئاً أبَدا،

وكُلَّما ساعَدَ النَّاس كَان أكْثر سَعَادة.

وكلَّمَا وَهَب [2] وأعْطى، ازْداد واغْتَنى.

فكما يَعْتِني التَاو بالعَالَم دُوْن إكْرَاهٍ أو إجْبَار،

كَذلِك يَقُود المُعلِّم الحَكِيم النَّاسَ بِلا سَيطرَة أو استِئْثَار.

---

[1] سلْسبّيل: ماء عذب، إسم عين في الجنة. إكسِير: مادّة كيميائية كان القدامى يعتقدون
أنّها تحوّل الفضة أو أي معدن إلى ذهب.

[2] وهب: أعطى بلا مقابل.